思想者
THINKER

记录时代的精神印记

思想录

A BOOK OF CELTIC WISDOM

[美] 约翰·多诺修 著

高洁 译

新世界出版社
NEW WORLD PRESS

图书在版编目（CIP）数据

思想录 / (美) 约翰・多诺修著 ; 高洁译. -- 北京:
新世界出版社, 2016.11
ISBN 978-7-5104-6010-4

Ⅰ. ①思… Ⅱ. ①约… ②高… Ⅲ. ①人生哲学－通
俗读物 Ⅳ. ①B821-49

中国版本图书馆CIP数据核字(2016)第250467号

思想录

作　　者：[美] 约翰·多诺修
译　　者：高　洁
责任编辑：余守斌
责任印制：李一鸣　黄厚清
出版发行：新世界出版社
社　　址：北京西城区百万庄大街 24 号(100037)
发 行 部：(010) 6899 5968　(010) 6899 8705（传真）
总 编 室：(010) 6899 5424　(010) 6832 6679（传真）
http://www.nwp.cn
http://www.nwp.com.cn
版 权 部：+8610 6899 6306
版权部电子信箱：nwpcd@sina.com
印　　刷：北京中印联印务有限公司
经　　销：新华书店
开　　本：880mm × 1230mm　1/32
字　　数：130 千字　印张：8.125
版　　次：2016 年 11 月第 1 版　2016 年 11 月第 1 次印刷
书　　号：ISBN 978-7-5104-6010-4
定　　价：32.00 元

目录

第一章

用爱充盈我们的内心

黎明带给我们什么

如果你有机会在破晓前走出家门，便会发现每日最黑暗的时刻是黎明前的瞬间，黑暗浓重而深邃。如果从未见过这时的世界，如果从未思考过一天究竟是什么，你便无法幻想出黑暗被刺破、新的一天诞生时那种神秘的色泽。光线鲜亮得令人难以置信，却丝毫影响不了其间的柔和。也许只有在专注于探寻黎明到来的痕迹时，你才能明白微微光亮竟能够俘获黑暗。当第一缕光线照亮地平线，像是轻巧而缓慢地揭开了大地黑色的幔幕。此时，你眼前便是充满神秘的新黎明、新一天了。爱默生说："没有人将日子当成上帝。"现代文明的悲剧之一便是使我们不再去接触自然界最初的真实。日益都市化的摩登生活成功断绝了我们同大地母亲血脉相承的联系。肉身植根于这片土地，我们只不过是缕缕香魂，是泥土赋予我们躯体。我们是在配合泥土的旋律和渴望。然而在这个摩登世界，那声音早已被淹没。我们甚至不明白失去的究竟是什么，于是渐渐地，精神上的放逐产生的痛苦便越来越难以理解。

世界在黑夜中栖息。树木、山峰、田野等表象，一切都从形状的牢笼中释放，从方向的负担中挣脱。在暮色的影子里，万物流回最初的本色。黑暗是最原始的子宫，夜间，子宫开始孕育。这时我们的灵魂开始跑出来嬉戏。黑暗掩盖了一切，身份与印象的争执也在黑暗中消逝。我们在黑夜中栖息。黎明是重新振作的时刻，是充满机会和诺言的时刻。自然界中的一切——石头、旷野、河流、动物——在黎明的光线中顷刻复苏。黑暗带来栖息和释放；黎明带来唤醒和复苏。碌碌平庸中，我们忘记了自己是如此幸运，竟被赋予这神秘世界。每一天，黎明撕开这里神秘的面纱。黎明是宇宙中最大的奇迹，它将我们引向自然界无边的“远方”。宇宙最狡黠的色彩从黎明中升起，于瞬间包裹了大地。威廉·布莱克说“色彩来自光线的创口”也是这个意思。万物表象的神秘，在自然界最核心的部位，被色彩表露无遗。

光——生命永恒之爱

所有的凯尔特诗歌都充满了色彩、力量和强烈的自然感。这些诗歌愉快地向我们展现了微风、花朵以及河野的微波。在凯尔特的精神世界里，月亮被视作是神圣的，而太阳所象征的生命力也同样被热情地讴歌。许多古凯尔特神灵都似乎象征着富足和拥有。凯尔特民族是一个崇尚自然的民族，因此自然世界对他们而言，既是真切的存在，也是亲密的伙伴。自然赋予他们力量。正是在这个自然世界中，凯尔特人拥有了灵魂深处的归属感和亲切感。凯尔特自然诗充满了热情、惊叹和归属感。凯尔特历史上最早的一篇祷文是“St. Patrick’s Breastplate”，引申而来的名字叫作“鹿的哭泣”。这首祷文当中，并没有对人类的主观世界和原始的自然世界进行划分。事实上，正是最原始的自然力推动并鼓舞着主观世界。

清晨我醒来

穿越天国之力、太阳之光，

穿越月色的皎洁

火焰的辉煌

光照的速度，

风的敏捷，

海洋的深邃，

大地的稳固，

岩石的坚硬。

凯尔特人的世界充满了直观性和归属感。凯尔特精神崇尚光线。正是在这点上，今天的凯尔特精神已经融合成一个与众不同的新领域。在单纯透明的颜色面前，我们是孤单和迷茫的。我们急切地需要新的柔和的光线，在那种光线中，心灵得以栖息，而古老的归属感悄然释放。我们需要一种光线，它与黑暗有着血肉相连的亲密。我们是黑暗和光明的子女。

我们总是跋涉在从黑暗到光明的旅途。首先，我们是黑暗之子。母亲的子宫孕育婴儿，我们的身体和面颊在黑暗中初成。一个人的出生，首先是一个从黑暗到光明的旅程。你的这一生，以及你的心灵，都寄存在肉体的黑暗中。你的每一种想法都是瞬间的火光，都是你身体深处光线的闪现。思维的奇迹只不过是它的表现形式，即便这种表现形式也存在于你心灵的黑夜中；杰出的思想诞生于黑夜。每一天都是一个旅程。我们从黑暗中来，投入到每一天的光明。万物生灵在光与夜相互交织相互祝福的缝隙中醒来。只有试图去相信这种原始的韵律，你才会在生命中感受平衡。每一年也是一个这样的旅程。凯尔特人对于我们这场旅程的本质有着很深的理解。我们从冬季的黑暗中走来，进入充满无限可能的精彩活泼的春天。

最后，光线是生命之母。没有阳光，就没有生命。如果将太阳的射线撤出地球，所有人类、动物，以及我们知道的所有植物，都将消失。冰雪将再次冻结地球。光线是神灵的一种神秘的存在形式。它使生命保持活力。光线是蕴涵着营养的东西，它召唤温暖，并带给世界色彩。心灵在光线中清醒，在光线中存在。它帮助我们审查自己内心深处最神圣的地方。当人类开始试着去诠释生命的意义时，光线便成为表达生命永恒和深刻的最有力的工具。在西方传统中，事实上，应该说是在凯尔特传统中，思想经常和光线联系在一起。在智慧闪现的时候，人们便会认为智慧是我们内心最神圣的地方。

每当人类思考生命当中的另外一个巨大的奇迹——神秘的爱时，光线也会被用来象征爱情，这是因为光线的力量是如此巨大，光线无处不在。在你的生命里，当黑暗的内心出现了爱情，那感觉就像一道黎明之光划过心灵。过去的莫名，如今清晰；过去的恐惧，如今充满力量；过去的笨拙，如今拥有优雅的韵味和美好的外形；过去的参差不齐，如今出落得端庄而又个性。当爱情浮现于生命，那便如同重生，是一个新的开始。

在渴望与拥有之间

身体的诞生，是瞬间的事情，而人类心灵的诞生，则是每一个时刻都在发生的过程。心灵一点一滴诞生于你每一次的经验中。每一件发生在你身上的事，都可能使你较之以前更为深刻。这些都为你心灵的诞生开辟了一个又一个新的空间。帕特里克·卡瓦纳夫在祷文中对这个过程作了如此的描述，他说："祈祷，祈祷，祈祷 / 这是开端也是一切。"对于基督教徒来说，最神圣的教礼之一便是洗礼。这当中包括对新生婴儿施涂油礼，使之神圣化。洗礼来自犹太人的传统。

对犹太人来说，内心是一切情感的中枢。心灵作为孩子最重要的健康标志被施以“涂油礼”，这象征着婴儿所有的感情都将是纯洁的。祈祷者们希望婴儿永远不要被追捕、抓获，或者沾染任何与消极、愤恨、自我毁灭相关的事物。这种祷礼还希望婴儿们能够在自己的生活中感觉到流畅，希望婴儿能够愉快地体验这种感觉并在其中释放内心，感受世界的和平与愉快。

与宇宙的无限和自然的沉寂不同，人类的面孔时时闪耀着光辉，成为象征私密的符号。造物之神通过“人类的面孔”——这个象征人类存在的符号——显示出自己的力量。人类的面孔是创造的象征。每个人的内部也有一张脸，这张脸能够被感觉，但却看不到。内心就是你这一生的那张内在的脸。人生的旅程，充满跋涉的艰辛，为的就是让这张内在的脸更加美丽。正是这张脸汇集了内心所有的爱。爱对人们的一生来说是至关重要的。仅仅通过爱，便可唤醒你内心最神圣的部分。在爱中，你得到成长和回归。当你学会如何去爱、如何被爱，你便找到了自己精神的归宿。你感受着温暖，你被保护着。在自己的渴望与拥有之间，你找到了平衡。这当中的成长与归属，是你付出爱而得到的意外的收获。在你关注一个人的时候，爱便开始了；与爱相随的，是一种高尚的忘我。这一切就是我们成长的条件。

灵魂一旦醒来，便开始探索，你便再也回不到从前。从这时开始，你全身燃烧着渴望，并且不会再留恋那些低层次的自我满足，或者部分的自我实现。宇宙的永恒使你感觉到迫切。你不允许自己妥协，不允许自己因为恐惧而放弃实现自我的征程。一旦精神之旅开始，你带给世界和他人的将是不可思议的慷慨。有些时候，对外部世界的慷慨很容易做到，不停地给予、给予、给予，而对自己却很吝啬。如果不懂得善待自己，你的灵魂将失去平衡。你需要对自己慷慨一些，这样才能获得你周围的爱。你在渴望爱的时候，可能遭遇绝望，你也可能历经多年不停地孤独寻找。然而很多时候，爱就在你身边不远处，就在几英尺的距离内。爱就在你心灵的边缘，只是你一直以来都忽视了它的存在。经历了些许伤害，你心灵的那扇门砰然关闭，你无力重新开启它，无力接受爱。我们必须处处留心，只有这样，才能感受到爱。鲍里斯·帕斯捷尔纳克说：“当那个伟大的时刻敲响你生命那扇门时，它的声音很小，甚至比不上心脏跳动的声音，因此它很容易被错过。”

具有讽刺意味的是，这个世界喜欢力量和占有。在这个世界上，你可以做到非常成功，被所有的人仰慕，拥有用之不尽的财富、和睦的家庭、成功的事业，拥有这个世界所能提供给你的一切，但是这一切的背后，可能会是你无尽的痛苦和迷失。如果拥有世界上所有的一切，惟独没有爱，你将是最贫穷的穷人堆里最穷的人。每颗心都渴望爱。如果你内心没有爱的温暖，便不可能有真正的欢愉和满足。不论你多么努力、多么能干、多么自信、多么受人尊敬，不论你认为自己是什么，或者被其他人当做什么，你唯一深深渴望的东西，是爱。不管我们在哪儿，不管我们是谁，不管我们在做什么或者我们正跋涉在怎样的征程，我们都需要爱。

亚里士多德在《伦理学》里用几个章节的篇幅反思了友谊。他认为友谊是一切善良和美好的基础。朋友应该是一个总为对方利益考虑的人。亚里士多德认为，由于个体的复杂性，人们的内心总是在发现和实践友谊的过程中，才得以反映："我们对朋友们的感觉反映了我们对自己的感觉。"亚里士多德认为，在发展真正友谊的过程中，耐心是非常重要的："对友谊的渴望总是快速地蔓延，而友谊本身却往往并非如此。"友谊是上天的恩赐，它使我们的生活充满了温暖和甜蜜："没有人愿意过没有朋友的生活，即使他拥有除此以外的所有东西。"

寻着内心的爱而行

生命需要空气，我们的内心迫切地渴求爱情。只有在爱的温暖中，心灵才能找到自我。你生命中一切的可能性都在心灵中熟睡着。你的任务是将这些可能性变为现实，并使它们灿烂。当爱降临，所有不可预测的定数便开始苏醒、开花、生长。时间的神秘在于蕴含其中的无限的可能性。表面看来，时间是短暂的。如果不考虑每天的哀愁或者美丽，一天实在空洞而易逝。然而在核心处，时间是可以变形的。时间蕴含着一切可能性，时间从来不遗忘或者丢失掉任何东西。所有那些看起来流逝于时间表面的事物，事实上只是改变了一种存在形式，并且已经被储存在记忆的账单里。可能性是创造力的核心。马丁·海德格尔曾经讨论过可能性的"存在论优先"。在人类的最高层次上，可能性既是我们称之为事件或者事实的所有事物的源泉，也是它们最终的形式。这个安静而神秘的永恒世界就存在于人的心灵。爱是心灵的本性。当我们去爱或者允许自己被爱的时候，我们便越来越接近永恒的国度。这时候，恐惧化为勇气，空虚化为充实，距离化为亲密。

anam-cara（译注：心灵挚友）的经历为你赢得了一段友谊，这种友谊不会被离别或者距离伤害，也不会受到它们的限制。即使朋友们天各一方，友谊也仍然会存在。由于打破了角色和自我的限制，并将其上升到心灵的境界，这种心灵的结合将不会轻易被分开。每当心灵被唤醒，物理上的空间就会改变自己的存在形式。即便跨越时空，两个朋友仍然可以和谐共处，仍然可以在生活上相互交流、相互帮助。和你自己的 anam-cara 在一起，你能够唤醒永恒。在这个心灵的空间，没有距离。影片《芭贝特的盛宴》很好地诠释了这种感觉，在影片中一个士兵向他深爱多年却不能迎娶的姑娘深情地诉说，他告诉她即便那次相遇之后他们一直没能再相见，但是她已经永远在他心里。

爱是我们最深刻的本性，我们每一个人，都在自觉不自觉地寻找爱。有时候，我们用一些错误的方法去满足自己这种深深的渴望。过度地投入工作、过度地索取成就，或者过度地注重精神，这一切都会使我们偏离爱。在心灵的渴望中，过度的急切感会严重误导我们。我们没必要四处游走去寻找爱；相反，我们应该保持镇定，让爱来发现我们。《圣经》上有很多关于爱的美好篇章。保罗写给哥林多的信，无疑就是其中绝美的一篇。在信中，保罗说道："爱是一种耐心，是善良的；爱从来不是自负的或者狂妄的；爱不是粗鲁的，不是自私的；它不应该是一种冒犯，也不会有怨恨……爱就是随时准备去原谅、去信任、去期望、去忍耐所有发生的一切。"在《圣经》里面，还有这样的句子："完美的爱，驱赶一切恐惧。"

谁伤害你最深

在这个看起来总是充满险恶和未知的广阔宇宙中，我们需要爱的存在和庇护，需要爱化解我们的孤独。没有边际的孤独感是内心所有孤独的根源。穷其一生，我们的所作所为所感所想都被虚无感包围。我们总是忧心忡忡。14 世纪的神学家梅斯特·艾克特说，每个人都站在虚无感的影子里，都在虚无的阴影中度过。然而，爱是心灵的姐妹。爱是最深刻的语言，心灵以爱的形式存在着。通过爱的温暖和爱的创造性，心灵将我们从虚无的匮乏感中拯救。我们无法用任何事物，任何财富，或者任何人来填补我们的空虚。我们不得不在虚无感中越走越深；走着走着，我们发现，在虚无感的背后，有爱的火苗等待着温暖我们。

你爱的人带给你的伤害会是最深的，没有人能够带给你更大的伤害。当你允许一个人走入你的生活，你已经将自己的世界向他完全敞开。即使在一起很多年以后，你对他的感情和信任会有些失望。生命是不可预知的。人总是在变，有时候的变化是戏剧性的，是突然的，痛苦和怨恨能够很快取代归属感和信任。每段友谊都可能会在某个时期经历失望的低谷，但这可以检验你的信任感。你再也找不到当初的强大的吸引力和魔法。你们之间曾经的美好感觉黯淡了，你开始感觉到痛苦。如果能够度过这段时期，你的爱会得到净化，虚伪和索求将随之消失。你将被带入一个新的世界，那里会诞生新的喜爱和信任。

有时候，友谊会改变，两个人彼此接近对方的缺点。如果你和朋友的相遇是起于两个人之间的缺点，那种感觉就像你赋予魔鬼生命，这个魔鬼将吞噬你所有的爱。你的个性将会发生改变。你们会感到无助，会彼此互相重复。这时你需要深深地祈祷，需要提高警惕，照顾好自己，从而为自己的灵魂重新寻找方向。爱有时候会伤害我们很深，因此需要小心照顾。虚无感的刀片划下的印记都是很深的。有一些人想去爱，想去奉献自己，但是他们没有力量。他们的内心残留着过去的感情，它们沉溺于伤害，只是为了证明它曾经存在过。当一段友谊意识到自己是上天的恩赐，它便会敞开大门。

在爱中，你向对方敞开自己的世界。你们之间的所有的障碍顷刻坍塌。你用来保护自己的距离也随即消失。你给了这个人绝对的自由，允许他接近你心灵最深的地方。你的存在和你的生命会成为这个人的空间。允许一个人走近生命需要很大的勇气。既然身体存在于心灵之中，当你允许一个人如此接近你的心，你便是允许他成为你的一部分了。在这个爱的神圣关系中，两个心灵被糅合在一起。躯体和轮廓互相渗透。你们彼此影响。

是否拥有一位真正理解你的朋友

凯尔特传统对于爱情和友谊有着非常美丽的解释。其中有一种非常美妙的观点，一种关于心灵之爱的说法，在古凯尔特语中叫作“anam-cara”。anam 在凯尔特语里是心灵的意思，而 cara 则是朋友的意思。因此凯尔特语 anam-cara 表示“心灵朋友”。在早期凯尔特传统中，教堂里充当教师、随同或者精神向导的人被称作是“anam-cara”。最初，这个称谓是指那些你愿意向其做出忏悔，愿意对其揭露灵魂深处隐秘的人。和心灵挚友在一起，你可以分享自己的内心世界、你的心灵和全部的想法。这种友谊是一种认可和获得归属感的行为。拥有一位心灵挚友，你的友谊便能够经得起任何习俗、道德和规范的检验。你和你的“心灵挚友”以一种古老而永恒的方式走到了一起。根据凯尔特的解释，心灵在任何时间和空间上都不会被限制。凯尔特没有心灵的牢笼。心灵是神赐的光芒，照射着你和你的朋友。归属的感觉被唤醒，并且由此培养出一段深刻而特殊的友情。在《对谈录》里，约翰·卡西安（John Cassian）表示朋友之间的联系是不能被破坏的：“我认为，这是任何改变也不能打破的，是任何时空的间隔也不能撕裂的，即便是死亡也丝毫不能威胁它。”

每个人的一生中，都需要一个 anam-cara，一个心灵朋友。在这段感情当中，你能得到理解，不需要任何面具或者任何伪装。在这里，任何肤浅和实用之间的界限，或者社会上熟人之间的那种半真半假都完全消失了，取而代之的是完完全全的真实。爱诞生出理解，而理解是如此珍贵。在被理解的时候，你感觉到无所束缚。理解衍生出归属感。当你觉得自己被真正理解的时候，你愿意彻底放松自己，感受他人心灵的信任和庇护。帕布鲁·纳鲁达在他的一段文字中，用优美的语句描述了对这种信任的赞赏："当我爱上你，你便不再是任何其他人。"这种爱的艺术给了对方一种特殊而神圣的身份。爱是唯一光芒，能够读懂对方个性和心灵最内在的特点。爱本身在社会起源中是文学性的，它能够解读个性和命运。

在揭开这幅丰富而透明的景色时，一切清晰起来，anam-cara诠释出了神灵的神秘和善良。anam-cara是上帝给我们的礼物，友谊是上帝的本性。基督教的三位一体等术语，是异己和亲密之间最崇高的结合，是友谊最永恒的交汇。这种分析法让我们深深渴望耶稣所说过的话。耶稣说，看着我，我把你们当做朋友。作为上帝之子的耶稣是我们在这个宇宙中的第一个异己；他是一切差异的三棱镜。他是万物最内在的anam-cara。在与耶稣的友谊里，我们得到了三位一体的温柔、美好和信任。拥有了这种永恒的友谊，我们便敢于放松自己。有一首美丽的三位一体的诗歌，是围绕着凯尔特人精神写的。这首诗歌这样写道：

这神圣的三位
铸成我灵魂的堡垒
层层包裹着我
也给予了我
家庭和温暖。

因此，爱是一切，但不是感伤。事实上，爱是人类最真实的和最有创造力的存在形式。爱是神灵和人类的存在的交汇点。

所有的存在都有赖于意识。有意识的地方，就有对存在的敬畏。在意识模糊、遥远或者消失的地方，存在也会变得微弱甚至消失。因此，意识是你能够带给友谊的最伟大的礼物之一。很多人的身边都有 anam-cara，但是他们并不真正有意识。由于缺乏意识，他们忽视了朋友的存在，并导致了距离和隔阂。遗憾的是，总是遗憾之后，人们才懂得感受存在，结果总是为时已晚。我们应该去祈祷一双能够辨明是非的慧眼。有了意识的灵感，你会发现自己身边的anam-cara，他一定就是你一直以来所渴望和梦想的人。

凯尔特传统认为，anam-cara的友谊当中，通常都有喜爱的成分。友谊产生喜爱，内心增添了一种新的意识，这种友谊既不需要深思熟虑，也不是抽象的。在凯尔特传统中，anam-cara不仅是一种比喻或者理想，它更是心灵的结合，以一种被承认的受仰慕的形式存在于这个社会中。当喜爱开始的时候，你的感性世界将会呈现出新的亲切感，会有一种同情心。anam-cara使认识论重新组合和治愈。你开始用不同的方法观察、体会、理解。起初，你可能会认为它充满破坏性或者非常笨拙，但是它能够逐渐完善你的观察力并改变你在这个世界的存在方式。大多数的原教旨主义、贪婪、暴力、压迫都可以被认为是由于理想和喜爱脱节而造成的。很长时间以来，我们无视自己情感认知的丰富，无视自己对理想的热爱。亚里士多德在《论灵魂》中说道："理解，不包括假设，是喜爱和被感动的一种形式；思想和会意也是如此……思想是对心灵的特殊偏爱。"anam-cara分析法的崇高还在于，它带给我们一种古老的归属感。

亲昵是神圣的

在我们的文化里，总是过多注重对关系这个概念的理解。人们不断地谈论着关系。它也是电视、电影以及所有媒体关注的主题。技术和媒体并不能真正使世界成为一体。他们试图向我们展示一个互联网的世界，然而事实上，它们展现的却是一个虚假的影子。这样一来，人类世界变得更加虚幻和孤独。当今世界，计算机已经取代了面对面的交谈，心理学观念也取代了宗教世界，人们对于关系的困扰就更不奇怪了。然而不幸的是，“关系”已经成为空虚感的中心，围绕在它的四周，我们在孤独地搜寻着温暖和归属感。大多数关于亲昵的语言都是空洞的，而不断地重复更是显示出了这种亲昵其实并不存在。真正的亲昵是一种神圣的体验。它从来不在灯红酒绿的文化下展示自己的隐秘。真正的亲昵是一种心灵行为，而心灵是沉默的。

《圣经》上说，没有人能够活着看到上帝。这就是告诉我们没有人能够活着看清自己。你所感知到的一切不过只是心灵的一种感官。你看到它的光线、颜色和轮廓。你感受它蕴含无限可能的灵感，你惊讶于它的神秘。凯尔特传统，尤其是在凯尔特语中，对神圣有一种敏感的感觉，它认为接近一个人应该是具体化的。凯尔特语中没有 hello 这个词，你与别人相遇时只能进行祈祷。你说，上帝与你同在。对方回答，上帝和玛利亚与你同在。告别的时候，你说，愿上帝伴随着你，或者愿上帝保佑你。在这种会面的宗教礼节中，相遇和分别都用祝福和祈祷作为框架。渐渐地，通过用凯尔特语对话，我们会获得一种直观的认知，那就是每个人身上都存在神圣的部分。这种认知广泛存在于古语当中，例如："陌生人的手就是上帝之手。"陌生人并不会无缘无故与我们相遇，他的到来总是伴随着特别的礼物或者启发。

别惊扰了寂静的灵魂

很多年来，我一直思考一个小故事，故事说有这样一个世界，在那儿，每个人一生只能与一个人相遇。为了在头脑中绘出这样的画面，你不得不首先从这种假设中抛弃生物学的各种因素。想象一下那个人神秘出现之前的很多年里，你要学会沉默，随后你才开始接近一个人。一生当中，你真正接触的人可能只有一个或者两个。仔细回想一生，区分一下熟人和朋友，你会发现这种说法其实是很现实的。朋友不同于熟人。友谊更是一种更深层次的、更神圣的联系。莎士比亚在一首诗里很好地诠释了这种友谊：“把握你拥有的朋友，博得他们的喜欢，用钢筋牢牢将他们拴在你的心里。”由此可见朋友的珍贵。朋友是这样一个可爱的人，他唤醒你的生命，释放你生命中无限的旷野和可能。

爱尔兰是一个布满废墟的小岛。废墟并不空旷，废墟是充满灵性的神秘的场所。我的朋友，一个科耐马拉的牧师，计划在他的教堂外面建造一个停车场。那附近有一处已经荒芜了五六十年的废墟。牧师找到了过去曾经住在这里的人，并且希望对方能够为他提供那里的石头，以建造他的工程。曾经的主人拒绝了他的请求。牧师究其原因，主人说：“那我祖先的灵魂该如何安置呢？”从这件事情上，我们不难得到这样的启示：即便是荒芜已久的废墟，对曾经住在这里的人的灵魂来说，仍然会有特殊的牵挂和不舍。一个人的生命和激情，总会在苍穹中留下一些印迹。爱并不仅仅存在于内心，它会流露出来，并且会搭造现实的神坛。

放爱一条生路

穿越爱尔兰，你会发现很多各式各样的漂亮的石形门，叫作石牌坊。每一个石牌坊都是由两块厚重的、长条的石灰石并列排放而成。在这两个石灰石上面，有一个巨大的顶石像树阴一样压着他们。在凯尔特传统中，这些被称为：leaba dhiarmada agus grainne，即“戴尔穆德与格瑞娜之床”。传说中，格瑞娜将要嫁给古凯尔特的一支勇士队的首领菲奥娜。然而她深深爱着戴尔穆德，格瑞娜用自我毁灭威胁戴尔穆德同她私奔。就这样，他们二人私奔了，爱尔兰勇士在爱尔兰岛疯狂地追捕他们。一路上，他们得到动物的照顾，还有智者告诉他们如何巧妙地躲避追捕者。比如，他们懂得了不能在同一个地方逗留超过两个晚上。据说，每当夜幕来临，他们休息的时候，戴尔穆德都为自己的爱人搭建这样的石牌坊作为避身之所。现代考古迹象表明，这些石牌坊其实都是墓地。传说都是非常有趣的，它只为能够引发人们的共鸣。这些传说是孤立无助的生动写照，而无助通常就是爱情的附属物。当你陷入爱情，一切感官、理智以及平日里一切严肃的、缄默的或者令人尊敬的外表都会溶解掉。突然间，你又成为一个懵懂的少年，在你生命中燃起了新的火焰，你获得了新生。在没有激情的地方，你的灵魂是沉睡的或者茫然的。而当激情被点燃，你的灵魂便再次年轻、自由、舞动。在这则古老的凯尔特传说中，我们看到了爱情的力量和激情。歌德有一首充满力量的诗，诗中描述了渴望是如何改变生活的，这首诗叫作《幸福的渴望》。

别告诉任何人，除了智者，
因为众人会热讽冷嘲：
我要赞美那样的生灵，
它渴望在火焰中死掉。
在爱之夜的清凉里，
你被创造，你也创造，
当静静的烛火吐放光明，
你又被奇异的感觉袭扰。
你不愿继续被包裹在
那黑暗的阴影内，
新的渴望吸引着你
去完成高一级的交配。

你全然不惧路途遥远，

翩翩飞来，如醉如痴。

渴求光明的飞蛾啊，

你终于被火焰吞噬。

什么时候你还不解

这“死与变”的道理，

你就只是个忧郁的过客，

在这黑暗的尘世。

这首诗捕捉到了充满渴望的心灵蕴含的力量，那是一种非常奇妙的、精神上的力量。诗中指出，真正的活力潜藏在渴望当中。当你臣服于有创造力的激情，这种激情便会将你带到改变与重生的临界点。成长总会伴随痛苦，但却是一种神圣的痛苦。小心翼翼地躲避这种深刻，终日游荡在那平凡光洁的表面，未尝不是一种悲剧。

爱是一种古老的识别

真正的友谊和爱情，不是刻意营造的，不会通过有意识有目的的行为得到。友谊常常是一种彼此之间的识别。友谊的内涵，可以从人类身体的本质得到说明。当你遇到自己心爱的人，一种古老的识别将你们二人联系在一起。在自然界的沉寂被打破的千百万年前，爱人的肉体和你的肉体被放在一起。随着季节的转换，你们原本连为一体的肉身逐渐被分离。你们开始各自生长出迥然不同的身形，拥有各自不同的身份和命运。即便对这一切毫不知情，在各自内心最深刻的记忆中，你们都在默念失去的彼此。尽管肉身在这个大千世界各自逗留了千年，你们对彼此的渴望从来没有消失过。这样比喻，可以帮助我们解释在友谊来临时，两个心灵如何能够对彼此做出识别。或许你们仅仅相遇在陌生的街道，或许是一次聚会或者讲座，也或许只是通过别人简单而老套的介绍，然而就在这个瞬间，迸发出了似曾相识的火花，亲情的火焰顷刻蔓延。你们之间有一种如梦初醒般的豁然，一种相识良久的酣畅。是爱打开了古老的识别的大门，你们走了进来，回到了归属彼此的家园。就像欧里庇德斯所说的："两个朋友，一颗心灵。"

在传统的经典著作中，柏拉图在《会饮篇》中关于爱情本质的对话非常精彩。柏拉图相信人类在刚开始的时候，并不是完整的独立的个体。每一个人都有两面，每个人的两面都会被分离；于是你穷尽一生，只为找到自己的另一半。当你们找到，或者发现对方的时候，便是这种最古老的识别发生了作用。在友谊中，古老的圆圈闭合了。你们之间的那种古老的识别将会眷顾你们，庇护你们，并且使你们紧紧相连。两个人相爱，他们都会从被流放的孤独感中回来，回到归属彼此的同一个屋檐。在婚礼上，有一种习俗，要求夫妻双方承认是天赐良缘使他们初次相遇便辨认出对方，这种习俗是很恰当的。双方都将对方当做能够安适自己内心的人。爱永远不会是负担，因为你们彼此之间拥有的东西远远大于彼此独立的存在。

不是应该做什么，而是如何做

我们或许应该找到更多能够引起共鸣的词，而不单单用简单的“关系”。一些短语，诸如“一个古老圆圈闭合了”或者“一种古老的归属感被唤醒并且发现了自己”可以帮助理解这种相遇的更深层次的意义和神奇。这是一种语言，它象征着联系在一起的心灵和彼此的亲昵。两个相爱的人，他们之间存在着第三种力。当友情陷入困境的时候，并不是没完没了的分析和咨询可以解决问题。你需要换一种节奏去重新审视彼此，并且再次感受将你们二人联系在一起的那种古老的归属感。只要祈求它的力量和祈求它伴随你们，这种古老的亲和力便会将你们联系在一起。两个真正被唤醒的人，居住在一个归属感的圆圈里。它们已经将更加古老的力量唤醒了，这种力量围绕他们，使他们相伴在一起，并给予他们祝福。

友谊需要悉心培育。通常，人们总是将自己的精力放在生活的琐事中，专注于他们的生存状态、工作以及地位。人们的大部分力量都用在将要进行的事物上。梅斯特·艾克特很准确地描述出了这种困惑，他说，很多人都在怀疑自己应该在哪儿或者应该做什么，然而事实上，人们更应该关心的是如何去做。在你生命中，爱是最温柔的地方。现代文化崇尚程式和明确，对神秘不屑一顾。在这种文化中要走出错误光线的空间，进入一个更加明亮的心灵世界是非常困难的事。也许心灵的光线，就像伦勃朗的光线。伦勃朗的光线使伦勃朗的作品广为人知，它是一种茶色或者是金色的光线。这种光线让你对阳光下被光线温柔地照耀着的物体拥有质的感觉。通过对阴影的巧妙运用，伦勃朗的光线在表达事物表面的复杂感上取得了很好的效果。这种金色的地球的光芒是影子形影相随的姐妹，是获得启示的摇篮。

他（她）是你的镜子吗

佛教中“kalyana-mitra”这个词，对于友谊的概念有着非常美好的诠释。“kalyana-mitra”的意思是“他（她）是你的镜子吗”。你那位他（她）是你的镜子吗，他（她）不接受任何夸耀，但是会温柔而中肯地让你面对自己的无知。没有人能够完全看清楚自己的一生。人类眼睛的视网膜上存在盲区，同样的，人类的心灵也存在你看不到的盲区。因此，你需要一个你爱的人，让他时刻为你查看你自己看不到的东西。你的kalyana-mitra用一种友好而严厉的方式扩展了你的视野。这样的友谊是有创造性的，也是非常重要的；在生活中，每当遇到任何矛盾和伤害，友谊都会帮助你解决其中的尴尬和崎岖。

人类心灵里最强烈的渴望之一，就是对“看”的渴望。有一则这样的神话，那喀索斯在一汪湖水中看到了自己的脸，于是为之深深着迷。然而不幸的是，这个世界上并没有一面可以让你瞥见自己心灵的镜子。你甚至不能把自己的身体看得清清楚楚。如果你看到自己的背部，你身体的前面部分自然会在视线之外。你永远不可能在视觉上将自己完整地展现给自己。而你爱的人，你的 anam-cara，你那位他（她）是你的镜子，将会是能够反映出你心灵的最诚实的朋友。真正的友谊，它的忠诚和坦白能够勾画出你心灵的真实轮廓。你一生当中能够拥有这样一个人，会是多么美丽的事情。

爱别人之前请先爱自己

我们有能力去感受爱和归属，因为我们的心灵当中有对原始亲密的共鸣。说到原始的东西，德国人会说 urspriingliche Dinge，意思是起源物。心灵当中存在 Ur-Intimitat in der seele，也就是说心灵当中存在原始的亲密，这种最初的共鸣在每一个心灵当中窃窃私语。心灵并不能创造自己，而是来自一个神圣世界，在那里亲密不被限制，也没有阻碍。

在你懂得学会爱自己之前，你不可能会真正爱别人，而学会爱自己是一件非常美丽而困难的事。在我们每个人身体里面，在每颗心灵当中，都有一座丰富的爱的宝藏。换句话说，你并不需要通过研究自身以外的东西来懂得什么是爱。

这样说并不是自私，也不是自恋，那些说法都是由于对被爱的渴望而产生的消极的成见。事实上，每一颗心都是一个爱的水源。由于对爱的渴望，孤独的人不经意间时常会发现这个水源。他们试图去轻声唤醒内心深处的爱之井。这并不是什么强迫你去爱自己，相反，这更像是一种练习，是一种召唤，它唤醒爱的水源，让它与你相伴一生，表露最真的本性。当这一切发生的时候，你内心曾经坚硬的地方再度变得柔软。没有爱，任何东西都会坚硬。在这个世界上，没有什么会比坚硬或者寒冷更加令人感到孤独。酸楚和寒冷正是我们最终要打败的东西。

如果你发现自己的心已经坚硬，那么就将内心的泉水作为礼物送给自己吧。你应当唤醒和释放自己内心的这口水源。你完全能够说服自己去开采它，渐渐地，丰沛的水源层层渗透，注入你干涸的心，彻底地滋润了它。于是，爱的奇迹发生了。从前的坚硬、寒冷、顽固和消沉，如今充满生机、色彩和繁荣，生命力在爱的美妙泉水中穿梭。这将是一次富有创造力的尝试，它使我们内心的消极变得美好。你来到这个世界上，就是来学习如何去爱、如何被爱的。这新的爱带给你的最好的礼物便是：它唤醒了你内心的爱的水源。这使你变得独立。现在，你能够与别人走得很近，不是出于需要，也不会有任何感官上的疲倦，你接近别人是出于一种真实的亲密感、吸引感和归属感。这是一种自由，爱也会给你自由。你不再急于从周围的人或事中获得肯定、尊重或者信任，你已经得到解脱。圣洁就是安适，就是能够在归属感也就是我们称之为心灵的这间屋子里休憩。

爱的内在源泉

你可以非常迫切地游走四方，努力寻找爱。知道自己心灵当中拥有爱的源泉，是一件非常欣慰的事。只要你相信有爱的源泉，你就能够找到它、唤醒它。下面的练习能够帮助我们发现自己寻找爱的能力。当你完全自由的时候，专注于你心灵深处的这口井。想象来自归属、安逸、平和和愉快的汩汩溪流。用视觉上的想象去感受，那口井中过滤后的清水缓缓流过你内心被忽略的枯土。每次睡觉之前，这样真切地去想象一下，是非常有益的事情。它能够让你整个夜晚都充满富足和归属的满足感。当黎明到来，张开双眼你会发现，内心仍然停留着一种可爱的、惬意的快乐。

无论在友谊或是在爱情当中，有一件非常珍贵的东西，它值得你时刻留意，那就是你自己的不同。在爱的圆圈中，人们总是习惯于模仿对方，或者认为自己处于和别人一样的某种处境。尽管这显示出一种想要获得认可的欲望，但却是非常具有破坏性的，是危险的。在西爱尔兰群岛外，居住着这样一个老人。他有一种与众不同的爱好，喜欢收集新婚夫妇的照片，同时收集这些夫妇十年之后的照片。从第二张照片中，老人能够推测出夫妻双方是谁模仿了谁。在很多的关系中，都有一种微妙的同质力，而这种力是具有破坏性的。与这点不一致的事情是，正是人们之间的各种差别，才导致了一个人对另一个人有吸引力。如此看来，每个人的不同都需要得到保持，需要得到更好的发展。

爱也是一种光，是一种养分，它释放了你，在爱中你的不同得到最大化。人们之间不应当互相模仿，不应该将自己防御或者保护在对方的外表下。爱会鼓励你，爱让你遨游在自身的潜力中。

为了在爱中保留自己的不同，你需要为心灵保留一定空间。非常有趣的是，在希伯来语里，“拯救”的词源就是“空间”这个单词。如果你出生在农场，你会意识到空间是非常重要的，尤其在播种的时候。将两棵树紧紧地种在一起，它们会窒息，因为它们彼此都需要自己的成长空间。卡利尔·吉布兰说：“为了能在一起，请你们都为自己留下一点空间。让天堂的和风，在你们之间尽情舞动。”空间带给你们属于自己的节奏和轮廓。叶芝说：“为玫瑰的绽放留一些空间。”唯一能够放弃空间而爱依然美丽的地方，是当两个人做爱时。你爱的人是你能够与他分享自己所有的装扮、所有未知以及所有感官愉悦的人，因为你知道，所有这一切都会得到欢迎，都会被他温柔地接受。肉体存于心灵，因此肉体始终被心灵之光围绕。这是一道温柔而神圣的光。做爱不应该仅仅是一种体力上的机械的放松，它还有一种精神上的深度，当你进入另一个人心灵深处时，这种深度便被唤醒了。

一个人的心灵是隐秘的。你在接触一个人的肉体之前，首先会接触到的是他的心灵。能够接触到一个人的心灵和肉体，那么，你便进入了这个人的世界。如果对这次交汇的美丽和深刻能够温柔以待，做爱时令人窒息的愉悦和着迷便会延长，两个人内心深处爱的源泉也会得到释放。这时，第三种光，那种古老的圆圈，会再次从外部将两个人结合在一起，事实上，在两颗心灵初次相遇的时候，这个圆圈就已经将它们联系在一起了。

充满美感的感官之爱

神学家们置身于充满激情的爱的领地，他们是值得信任的，在他们关于神学理论的文笔间，有非常迷人的充满激情的暗示。神学家们从来不鼓吹我们去否定某种感官，相反他们常常谈到感觉的变形。他们认为，在爱神身上存在一种引力或者是黑暗，有时候，会占据支配地位。心灵之光能够使爱神身上的这种东西变形，带来平衡和宁静。对爱神的这种非常美的神秘的幻想提醒我们，爱神终究是神圣的。爱神的野性和心灵的嬉戏，通过这充满美感的变形，都富有了抒情的韵律。

现代爱尔兰对爱神的理解和接受，经历了一个复杂而痛苦的过程。在古老的爱尔兰传统中，对于爱神的力量和情色之爱有一种鲜明的感激。这在当时的很多诗歌当中可以看得出来，其中有一首是布莱·梅瑞曼的诗叫作《午夜教堂》。这首诗写于 18 世纪，其中的很多部分都来自于对女人的透视。这是一种激进的解放，是充斥着男女平等的领悟。在诗中，女性的声音这样说道：

我体形轻盈、声如脆铃，
嘴唇用来亲吻、牙齿用来微笑，
粉润的肌肤、光洁的额头，
我的眼睛是蓝色的，头发浓密，
它环绕在我的脖颈；
那些要寻找爱人的男子啊，
这儿有可以相伴一生的面孔；
手、胳膊、脖颈、胸脯，
每一个都那样美好。
再看看那细腰！我的腿如此细长，
如柳枝般柔软、光洁并充满力量。

这首长诗是情诗当中的经典。诗中没有重复任何关于道德的消极语言，那种语言总是将性爱分为纯洁的和不纯洁的。在任何情况下，使用“黏土生命”这样的词，都是多余的。在黏土生命中，你如何能够拥有纯洁呢。一个黏土生命，通常是光和暗的混合体。爱神的美就在于它充满热情的交汇点，这里的光和黑暗，在人的内部融合了。我们需要把上帝重新想象成爱神的变形，爱神是所有生命体流动的能量源。

巴勃罗·聂鲁达有过很多关于爱情的美丽文字。他说：“我将从山中为你采摘幸福的花朵、草莓、黑榛和整篮的亲吻，春天使樱桃成熟而我想如此这般地对待你。”这首诗的意境如此美丽，它表现出爱情可以像春天那样，唤醒我们心灵当中的黏土部分。叶芝也写了一些充满灵感的爱的文字，诸如“但是有人爱上了你神圣的灵魂，爱上了你变幻莫测表情中的忧伤”，等等。这些诗表现出了对爱人灵魂的深处和灵魂存在方式的一种认知。爱帮助你在对方特殊而唯一的本性中，看懂他。

不要质疑你的爱

爱情的伟大力量还在于它能带来平衡，帮助我们变形。当两个人走到一起，它们之间古老的圆圈闭合了。他们遇到彼此，并不是两手空空，而是满盛给对方的礼物。常常会有一些是受伤的，它提醒我们把握尺度，在爱中互相治愈。当你真正爱上一个人，你会用自己的心灵之光照射着他。我们从自然界得知，阳光使万物生长。所有的花朵，在春天的早晨并不会盛开。当阳光照射它们的时候，它们才会充满信心地绽放，去迎接这新的光线。

当你爱上一个受伤的人，最糟糕的事情就是你直接去指出他的伤口，并试图挖掘它。如果你公开了某种东西，心灵当中某种奇怪的力量便会复活。它会变成一种习惯，以一种固定的方式重复。渐渐地，我们会觉得仅仅承认伤口的存在已经足够，我们会对它避而不谈。每当机会来临，你便会用心灵之光温柔地照射着这个伤口。在将你们联系在一起的爱的源泉中，有一种能够带来更新和恢复的资源。爱并不仅依靠你们每一个独立的个体，那是脆弱的。你可以唤醒你们之间的第三种力量来治愈它；那种力量能够带来宽容、安慰和来自远古的治愈。

当你爱上一个人后，不停地质疑你们的这种归属是非常有害的。有很多理由可以解释为什么不要怀疑自己的爱。两个相爱的人并不用向别人解释他们为什么相爱，或者为什么他们会同属一个地方。他们属于的地方，是一个秘密的地方。他们的灵魂知道他们为什么会结合在一起，他们相信这种结合。如果你总是怀疑自己与异己、与爱人或者与 anam-cara 之间的结合，你会逐渐强迫自己在这些结合中增加距离感。汤姆·耿著名的诗篇《亨利·詹姆斯》只有两行：

他们的关系存在于

对这种关系是否存在的讨论中。

如果你总是注重这种分析，并且用它来分析你的归属，那么你会将自己的这种归属变得干枯而空虚。

每个人都应该为自己心里已经苏醒的爱祈祷。每当你感受到对爱人的爱，或者感受到爱人对你的爱时，你应该将这些爱作为祝福，献给那些受伤的或者没有爱的人，那些正处于绝望境地的人，那些正在忍受饥饿的人，那些正被困在监牢或者医院里的人，那些在残酷环境中与寒冷、痛苦作斗争的人。当你从自己的爱里慷慨地奉献出爱时，它就能够被别人感受到。这种爱才是最有力的祈祷。

在爱的国度，没有竞争

祈祷是将爱的慷慨之光献给其他人，用来治愈、解放并且祝福他们。生命中拥有爱，你会与那些被推到生命边缘的人共同分享它。凯尔特传统中有一个非常美妙的观点：如果你从自己身上释放出善良，或者如果你分享自己身上的愉快和美好，你将会得到成千上万倍同样美好的回报。在爱的国度，没有竞争，没有占有和统治。你付出的爱越多，得到的爱也会越多。记住但丁的见解，宇宙节奏的秘密就在于爱的节奏，这种节奏使星球旋转。爱是现实的源泉、中转站，是现实的命运。

友谊的祝福

希望你拥有很多朋友

希望你懂得如何做自己的好朋友

希望你能够在自己灵魂的某个地方游历，这个地方充满爱，充满温暖，充满感觉和宽容

希望这能够改变你

希望你内心所有的消极、疏远和寒冷都美好起来

希望你能够被带到归属的真正的激情、血缘和亲密中

希望你珍惜自己的朋友

希望你对他们友好并且能够因为他们而在那里；希望他们能为你带来你的旅途所需要的所有的祝福、挑战、真

实和光芒

希望你永远不要被孤立

希望你和你的anam-cara一起沉浸在温柔的巢穴里。

第二章

奔向感官的精神世界

面孔是万物的符号

大地是万物的前身。在花朵、动物和人出现之前的千百年前，这里只是一片大地。大地以它自己的方式存在着。大地是世界最原始的存在方式，需要被人类接受，它才会有价值。我们可以想象，当人类的面孔第一次出现在地球上时，风平浪静，这是生命最有魅力的地方。风和湖水的梦幻，山川和星宿的空寂，在人类的面孔上得以展现。万物生灵中隐含着的温暖，也在这里得到表达。面孔是生命的记号。在人类的心灵里，宇宙第一次与自己发生共鸣。面孔是心灵的镜子。在人类的存在中，万物发现自己渴望已久的亲密。弥散而漫无边际的自然界，在人类的心灵中得到把握。

人的面孔是一件艺术品。在这张面孔上，各种难以名状的复杂性和深度都得到表达。表情所包含的范围，已经超过了物理的限度。没有两张完全相同的面孔。每一张面孔，都有属于自己的那份特殊而复杂的表情。每张面孔都是人类存在的一个特殊的亮点。当你和自己爱着的人分开很久，接到他们的信件、电话或者仅仅是在心里浮现他们的影子，都是非常美妙的事情。当然，当你从远方回来，看到爱人的面孔时，得到的是更多的愉快，这一刻你得到了相见的款待。在这张面孔上，你读懂了爱情的强度和深度。那种爱在凝视着你，在与你相遇。再次遇到彼此，会是非常美妙的事。在非洲，对于相遇有很多种表达。康尼马拉语“我看见了你”常常用来表示欢迎；表达崇敬用“ta agaidh an phobail ort”，意思是“人们的脸都向着你”。

如果你居住在一片安静而荒芜的土地上，城市在你看来会是令人吃惊的。在城市里，有各种各样数目众多的面孔：陌生人的面孔四处游走，快速而鲜明。观察他们的脸，你会看到当中隐含着他们点点滴滴的梦想。在某些情况下，面孔是身体的符号，在这张面孔上，人们的内心世界变得显而易见。每个人的面孔都是他本人在视觉上的微妙再现。不论内心的故事隐藏得多深，只要有面孔，你便不可能将它在这个世界完全隐藏。如果我们知道怎样解读面孔，我们便能够解读每个人的故事里的神秘。面孔时常泄露心灵，正是在这张面孔上，丰富多彩的内心世界得到了回应和展现。捧起一个人的脸，你便是在凝视这个人的一生。

凝视彼此的内心

我有一个旅行家朋友，他在南美曾经遇到一位印第安长老，于是非常希望能够采访这位长老。长老同意了他的请求，前提是在采访之前，他们能够有机会坐在一起。这位旅行家以为长老所说的只是一次普通的会面和一场普通的对话。然而，长老把他带到一旁，眼光笔直地注视着他的眼睛。起初，这侵扰了我的朋友，他感觉自己的生活在这个陌生人安静的凝视下全盘泄漏了。一段时间之后，旅行家也开始加深自己的凝视。两个人就这样互相静静地注视了两个多小时。这样之后，两个人便像是彼此了解了对方全部的生活。他们之间不再需要任何采访。在某种情况下，凝视一个人的脸，便是凝视这个人生活的深处，甚至全部。

我们总是习惯于假定自己和别人分享着同样的世界。在物质的层面上，我们的确和别人居住在同一个物理空间；不管怎样，天空总是被我们尽收眼底，正是它让我们每一个人都感觉到自己的存在。然而外部的世界并不能够进入人类的内心世界。在一个更深的层次上，每个人都是自己那个完全独立的内部世界的管理人。有些时候，我们的信仰、观念和想法最终看来都是一种自我安慰，它暗示我们在这个独立的内部世界里，我们并不需要一个人去面对所有负担。那种关于我们同属一个世界的想法是很恰当的，但是我们往往比想象的还要孤单。这种孤单不仅因为我们不同于任何其他人，它还来自于这样一个事实：我们每一个人都生活在不同的躯体里。人们的生活被囚禁在不同躯体里，这是一种美妙的说法。举个例子，有人拜访你的房间时，是身体来拜访。而伴随他们的身体来到你房间的，是他们的内部世界，他们的经验，以及他们的记忆。拜访你的时候，他们的生活并不在其他任何地方，而是完完全全和你在一起，就在你面前，正在向你泄漏。当拜访结束，他们的身体站起来，走出去，也带走了里面隐秘的世界。这种认知同样适用于解释做爱的神秘。做爱并不只是两个身体联系在一起，而是两个世界；他们彼此环绕，彼此进入。正是因为我们内心有一个隐秘的未知的世界，我们才能够忍受彼此美丽而愉悦的侵袭。

永恒的潜力和奇迹

每个人都是一个交汇点，无限的可能性在这里相遇。空间的无限性探入宇宙深处，而时间的无限性则回归千年之前。微观世界也是无限的：你拇指顶端的一个小小的斑点就包含一个完整的内部世界，只是它非常小，小到不会被肉眼看到。微观世界的无限像宇宙的无限一样，令人眼花缭乱。然而，环绕在每个人心头，没有人能阻止的，是每个人内心世界的无限。每张面孔的背后都隐藏着一个世界。在有些面孔上，心灵的弱点清晰可见。当你观察一些面孔时，无限骚动开始聚集在这些脸上。这个时刻可以从对一个陌生人的凝视开始，也可以从与一个熟悉的人的对话开始。突然之间，不需要任何要求或者刻意，这些凝视开始承载一些来自内心世界的信息。这样的凝视只需要几秒钟。但就在这最细微的瞬间，超过人本身的东西便会浮现出来。还有一种无限，尽管没有显现出来，但却隐约存在着。你感觉永恒世界某种陌生的东西在注视着你。这是一种来自于原始时代的无限，永恒而不可能被封锁。预料之外或者令人不安的是，它从组成我们生活的一个个板块的空隙之间透视进来。我的一位朋友非常喜欢蕾丝花边，他说蕾丝就是通过那些窟窿花边而彰显出美丽。我们的生活，就如同蕾丝花边的原理。

人类的面孔承载着某种神秘的东西，并且显示着个体生活内在的秘密。正是面孔，向这个未知世界展现着个人内部世界的隐私。即使身体的所有其他部位都被衣物掩盖，面孔却是裸露的。这个暴露出来的部位向理解和交流发出了诚挚的邀请。人类的面孔是两个未知世界相遇的地方：广阔无限的外部世界和那个只有每个个体自己才能进入的内部世界。面孔的光芒背后，是夜晚的世界。脸上的微笑是一种奇迹，也是一种光耀。当笑容经过面孔，整个潜藏在内部的世界里的黑暗突然之间被点亮了。海德格尔说得很美，他说我们是那深刻而古老的交汇点的管理员。在人类的面孔上，你可以看到永恒的各种潜力和奇迹。

面孔在身体的顶端。你的身体如同构成宇宙的泥土一样古老，你踏在土地上的双脚是你同地球不能分割的连接物。你的双脚将你的身体与那片构成你身体的黏土连为一体。逐渐地，在身体的顶端形成了面孔，而你也由最初的一抔黏土变成拥有隐私的个体。这就像组成你身体的黏土，通过你面孔上每一个崭新的表情变得亲密而自我。就是从头骨圆顶下的这张面孔上，你黏土的生命拥有了真正的人的外形。

面孔和第二次清白

面孔是你一生的记号。在人类的面孔上，生命张望这个世界，同时也张望着自己。看到一张充满痛苦和怨恨的脸，是一件非常可怕的事情。如果一个人的生命已经寒冷，他内心大部分消极的东西将永远无法治愈。消极无法变形为美好，寒冷将会继续驻扎在面孔上。这时候，面孔不再是一个温暖的存在，它会由于坚硬而成为面具。最古老的表示人类的词是希腊单词 prosopon ；prosopon，它最初的意思是希腊合唱团的演员们携带的面具。当痛苦、愤怒或者怨恨无法变形为美好的时候，面孔就成为面具。然而人们常常会遇到相反的一些情况，有些面孔，被岁月留下苍老的痕迹，却仍然拥有美丽的外表，仍然保持单纯的可爱。尽管生活已经带给这些人疲惫和痛苦，但他们仍然努力不让它腐蚀自己的心灵。在这些面孔上，有强烈的光芒照向这个世界。这些面孔投射出的光芒散发着神圣和健康。

面孔常常能够揭示出你是谁，生活对你做了什么。尽管看清自己生活的外形是件非常困难的事，但是它就在你身旁。任何人都可以从你的面孔上解读你生活的秘密。肖像画的艺术家们承认为人类的面孔着色异常困难。按照传统，眼睛被视作是心灵的窗口。而在肖像画当中，嘴也是非常难着色的部分。在有些特殊的情况下，嘴的线条看起来总是背叛了生活的轮廓，一张紧闭的嘴常常代表精神上的吝啬。心灵在面孔的轮廓上书写着生命的故事。

身体是心灵的天使

人的身体是美丽的。拥有外形是一种特权。通过身体，你同空间才有了联系。毫无疑问，人类总是困惑于空间。空间给我们提供了住所。没有空间，从字面上讲，我们便没有任何地点。大地是最根本的地点，在大地上，我们称作家的房子是我们最亲密的空间。家被装饰，被个性化，家接纳了住在这里的人的心灵，并且成为其精神的镜子。在最深刻的意义上，身体是一个让你感到最亲密的空间。你的身体是构成你的那些黏土的家园，身体是你在这个宇宙唯一的家。正是在身体里，正是通过身体，你可以透视自己的心灵。归根结底，身体是你心灵的家园。

很多时候，在心灵和外形，以及我们存在的物理空间之间，似乎有一种离奇的配合。虽然情况并不总是这样，但是渐渐地人们便放弃了对人内部世界本性的洞察。在我们的物理外形和心灵的节奏之间，有一种亲密的联系。肉体是心灵展现自己的地方。康尼马拉的一个朋友对我说，身体是心灵的天使，是表达和关心心灵的天使，我们应该爱我们的身体。身体常常是心灵各种诡计和毒药的替罪羊。一种最原始的无辜环绕着身体，那是一种难以抗拒的光明和善良。身体是生命的天使。

身体需要在一个很大的范围和强度中，才能感到舒适。剧场就是一个生动的例子。一个演员需要有足够的内部空间去演绎一个角色，去内化这个角色，这个角色的声音、心灵和行为都可以通过演员的身体得到一种细致的、意识上的表现。演员的身体成为他所演绎的角色的存在形式。通过舞蹈，身体得到了最丰富的表现。舞台是非常精彩的地方。舞蹈是线条流畅的雕塑品。身体形象地表达了这种空虚。爱尔兰传统中，有一个非常有震撼力的例子上帝之舞，在这场舞蹈中，舞者用他的身体追随着传统音乐的充满野性的旋律。

即便是在基督幻化成人的宗教思想里，身体仍然是罪恶的。基督教认为，身体是一切罪恶、含糊、欲望和诱惑的根源。这是错误的，是不虔诚的，身体应该是神圣的。这种消极观点的起源，在于对希腊哲学的错误理解。确切地说，希腊人都是非常优秀的思考者，因为他们非常崇尚神灵。神灵环绕在他们心头，他们极力微笑，并且在观念上迎合着神灵，寻找一些能够反映神灵的镜子。他们对身体内的引力，以及这种引力如何将神灵拽到人间非常敏感。他们误解了这种引力，并把它看作是与神圣世界的斗争。他们没有基督幻化成人的概念，因此也没有人类复活的认知。

当基督教遇到希腊哲学，便将这种二元论带到了它的思维世界里。灵魂被认为是美丽的，明亮的，善良的。愿上帝同在的渴望是人类心灵的本质。如果不是因为身体的引力，灵魂便可以永恒。因此，对身体的怀疑便进入基督教传统中。与之相对应的是，在基督教传统中，从来没有关于情色之爱的观点。圣歌《雅歌》是少数几个出现这种色情描述的地方之一。它热情歌颂了这种感觉，这种充满激情和温柔的性爱。这个章节是一个例外，它能够被允许记入《圣经》正典实在是令人惊讶的事情。在基督教新教中，对肉体有一种很深的偏见，一种与性爱联系在一起的消极的成见。性和性欲被认为对人的超度具有潜在的危险。艺术家们却被基督教热情地鼓舞。一个非常美的例子就是伯尔尼的《入迷的特里萨》，特里萨的身体陷入与迷恋的斗争中，在这种迷恋中，性爱和神秘再也无法分割。

身体是心灵的镜子

身体是神圣的东西。对“神圣”最古老最传统的定义才能捕捉身体的美丽。神圣是看不到的优雅，以能够看到的形式呈现。通过这种定义，我们看到了那看不到的世界在可以看到的世界中是如何被表达的。这种对表达的渴望深深埋藏在看不到的世界的深处。我们所有的内心生活，我们心灵最隐秘的部分，都非常渴望在外部世界找到一面镜子。它渴望拥有一种能够被看到、被感觉、被触摸的形式。身体就是这面镜子，心灵的世界通过身体得到表达。身体是一个神圣的交汇点，它的精神本质理应得到尊重、关心和理解。《圣经》中有一句精彩的话能够很精彩地表达身体的这种感觉：身体是圣灵的庙宇。圣灵使三位一体的亲密和间隔充满了警示和虚拟化。将人类的身体形容成圣灵的庙宇的这种说法，显示出身体充满着神灵的狂野。这种神学的分析，说明感官在某种意义上是神圣的。

身体也是诚实的。从自己的生活中，你会知道身体不会撒谎。心灵可以欺骗你，可以在你和你的本性之间设置很多种障碍；但是身体却不会说谎。只要你愿意留意，你的身体会告诉你你的生活是怎样的，会告诉你你生活在自己的心灵中，还是生活在消极的迷宫里。身体也有它自己的理解方式。我们的所作所为，事实上我们所做的一切，都要求我们各种感官的最完美最细致的结合。人类的身体是复杂、精密而协调的统一体。

身体是你在宇宙中唯一的家园，它使你在这个世界拥有归属感。身体是神圣的庙宇。在身体的神秘将你带到智慧的圣殿前，请先安静地度过一段时间。然而，我们总是在生病的时候，才能意识到我们称之为身体的这间房子是多么的柔嫩、脆弱和珍贵。当你去探望生病的人，或者是等待外科手术的人时，你可以鼓励他们去和自己身体欠安的部分对话。建议他们将身体当做合作者来进行对话，感谢它曾经为你做过的一切，感谢它曾经遭受的痛苦，并且为他曾经承受的压力致歉。身体的每个部分都保存着对曾经遭受的痛苦的记忆。

从本质上说，身体是很多伙伴的集合体，这些伙伴彼此协调地工作，从而使你在世界的存在成为可能。我们应当避免那种将灵魂和身体割裂的二元论。灵魂不仅仅在身体里面，它也藏在自己栖息的每一个角落。事实上，你的肉体在灵魂中，你的灵魂完全占据着你。因此，环绕你周围的是美丽的灵魂之光。这种认知提供给我们一幅新的祈祷者的景象：闭上眼睛，将自己放松在身体中。想象有一组光线围绕着你，那是灵魂之光。然后深深地吸气，将那道光线照射到身体里，并且随着呼吸将它带到你身体的每一个部位。

这是一种很美妙的祈祷方式，因为你使灵魂之光和围绕在你周围的阴影照射在物理空间上的地面和构成你的黏土上。在古老的沉思中想象光线正照在你身上，随着呼出的空气，想象你已经将内心的黑暗和燃烧后的残渣排出体外。我们应该鼓励生病的人用这种方法祈祷。当你将洁净的、已经治愈的灵魂之光带进身体，你便治愈了身体里那些曾经被忽视或者曾经遭受了痛苦的地方。身体非常了解你，它了解你的精神世界和你的心灵。较之灵魂，身体知道自己的存在是上天的恩赐。身体也知道死亡的存在。在你的这个物理外形里，同样潜藏着智慧，那就是启发和深邃。由于我们对自己的疏忽，或者无视身体内部的声音，疾病开始侵袭我们。身体内部的声音希望与我们对话，希望让我们知道我们生命那坚固的外表下潜藏的真实。

神秘的二元世界

在精神的世界里，身体也有一个低调而消极的侧面，因为我们更多的是在空气元素而不是地球元素中理解精神。空气是看不到的世界，是呼吸和思想的世界。当你将精神单独限制在这个世界，物质性会立刻消失。这是一个严重的错误，在这个宇宙中没有任何东西和上帝一样敏感。上帝的知觉是狂野的。自然是想象的神圣而直接的表达，是上帝对美好感觉最深刻的反应。自然是想象的镜子，是一切感觉之源；因此，对精神的理解仅仅局限在看不见的世界，是不恰当的。然而，神圣和精神的力量源自于看得见和看不见的世界之间的牵力。灵魂世界里的任何东西都深深地渴望自己拥有看得见的外形；这也就是想象巨大力量的源泉。

想象是一种力量，它架起、代表并且连接了看得见的和看不见的世界。在凯尔特的世界里，对于看得见和看不见世界之间的相互转换有一种美妙的理解。在西爱尔兰岛，有很多关于鬼怪神灵的故事，这些神灵都被与某种特殊的场合联系在一起；在当地人心里，这些传说如同大地一般自然。例如，有一种风俗认为田野中的独柱灌木不可以被拔掉，隐含的意义可能是这些灌木是精灵们聚会的地方。还有很多场合也被看作是神灵的居所。当地的人永远不会在这些神圣的地方建造任何建筑，甚至不会侵入这里。

永恒的动物世界

凯尔特的精神里，另一个迷人的特点是关于变形的看法。只有当物质充满生机和热情，变形才是可能的。事物的精髓或者灵魂并不局限在当前的形状或者某种特殊的形式中。灵魂是流畅的，是充满力量的，这使它不会囚禁于任何固定的形式。渐渐地，根据凯尔特的传统观点，在灵魂和事物之间，时间和永恒之间，会发生一种奇妙的交流。这种模式同样存在于人类的肉体。肉体是灵魂世界的镜子和表达方式。凯尔特传统观点对于人类肉体的理解，是非常伤感的，其中有一个关于雷之子的美丽传说。

爱尔兰人内心，有一个达努神族的神话世界，这是一个居住在爱尔兰土地下的神秘的部落；这个传说，为这里的风景增添了精神上的深度。雷是达努神族的酋长，他和这个部落的国王发生过争斗。为了解决争端，于是便有了一场联姻。国王有三个女儿，他将其中的一个送给了雷。结婚之后，他们有了两个孩子。然而正当他们另外两个孩子刚刚降生时，雷的妻子就过世了。这时，雷去找国王，于是国王把自己的第二个女儿也许配给了他。她小心地照料着雷和他的孩子们，但是每当她看到雷把全部的精力放在孩子身上时，都会产生强烈的嫉妒。她发现，即便是她自己的父亲——国王，也对这些孩子特别关照。嫉妒一天天在她心里蔓延，最后她终于把四个孩子带到她的马车上，并且用她的魔棒点了一下，于是这四个孩子都变成了天鹅。他们被诅咒要在爱尔兰周围的湖水里生活九百年。尽管他们的肉身是天鹅，他们仍然拥有人类的心灵和完整的人类的性格。每当基督降临，他们会恢复自己的肉身，但是会变得苍老。当动物的外表渗透在人类的存在形式时，那种狂野的旅程会是多么的痛苦。在凯尔特，这是一个非常古老的故事，这个故事告诉我们自然界是如何与动物世界交汇的。这个故事同样告诉我们的还有，在人类和动物世界之间，有一种深奥地联系在一起的亲密。当他们被囚禁于天鹅的肉身时，雷之子这首歌会给他们带去疗伤和慰藉的力量。动物世界向人类世界脆弱的公开，更加深了这个故事的哀婉。

动物比我们人类的存在更加古老。在人类登上地球几千年以前，动物就已经出现了。动物和我们是古老的兄妹。它们的身体单纯得没有任何裂痕——它们与地球紧密相连。动物们栖息在微风中，居住在湖水、山谷、泥土中。它们非常熟悉地球。在动物的安静和孤独中，大地是那般的寂静、平和。动物对于弗洛伊德、耶稣、佛、华尔街、五角大楼和梵蒂冈一无所知。它们生活在人类注意力的焦点之外。没有任何理由，但是它们已经占据了永恒。凯尔特人内心有一种古老的对动物世界的渴望和认知。动物世界的高贵、美丽和智慧不会因为任何错误的等级观念或者人类的傲慢而有所降低。某种程度上，在凯尔特人心里，人类只是这个深奥世界的继承人。一首 19 世纪的诗，生动有趣地反映了这种观点。

学者和他的猫

我和我的猫潘格拉·本

我们有自己的任务

抓老鼠是它的乐趣

而我整晚都在写字

比一个人的优点更好的

是与书和笔奋战在一起

潘格拉能够带给我的，墨水却不能

他过于重复他那简单的技巧

非常愉快的事情是

看到我们愉快地沉浸在自己的任务里

在家的时候我们一个坐着，一个不停寻找

我们内心充满欢愉

很多时候老鼠会迷失

在英雄的潘格拉的视线里

很多时候我锐利的思想

迸发在思维的网络里

潘格拉背对着墙壁

满意、敏锐、精确、狡猾

我背对着知识的墙壁
使尽我全部的智慧
每当老鼠从它的洞穴飞奔
潘格拉会那样愉快
我也那样地愉快
每当我解决掉任何疑问
因此我们在宁静中重复我们的任务
潘格拉·本，我的猫还有我
在我们的作品里我们发现了自己的恩赐
我有我的，他有他的
重复每一天重复的
潘格拉在他的任务中愈发出色
我夜以继日得到智慧
将黑夜变成了白天

对凯尔特人而言，世界从潜在或者现实来看都是精神的。这种思想的深度，通过凯尔特语言的力量也能看出来。语言本身就有一种力量，它能够引导事件，并且占卜事情发生的时间。圣歌和诅咒的确能够扭转命运的不济，并且降生新的美好。在凯尔特的世界里，确切地说在凯尔特的感官中，灵魂和肉体之间没有障碍。二者对于彼此都是坦然的。灵魂是肉体的姐妹，肉体也是灵魂的姐妹。这儿没有二元论的那种消极的割裂，那种割裂给这两种美好的、相互关联的存在形式带来了太多伤害。凯尔特的感官享受着它的这个联系起来的、有韵律的精神世界。

光是生命的母亲。太阳带来光线和色彩，它使野草、谷物、树叶、花朵得以生长。太阳为圆形的地球带来了爱的力量，它唤醒了她最原始的知觉。在下面的凯尔特人诗歌当中，太阳的照射如同上帝的眼睛和面孔。关于凯尔特人意识的著名的生机论在这里得到有韵律的展现。

伟大的上帝的眼睛

天堂之神的眼睛

各主之王的眼睛

万物之王的眼睛

注视着我们

每时每季

注视着我们

温柔而慷慨

你的光荣

你荣耀了太阳

你的光荣，你是

生命之神的面孔

换一种方式感触世界

灵性是经过变形的艺术品。即使我们将自己的生活归入一种预定的模式，也无法强迫我们做出改变。事实上，我们无需按照预定的公式或者计划对我们的生活大动干戈。我们需要做的是，对自己的每一天和生活的内部节奏以一种新的方式投入关注。这种关注唤醒了我们对自身和神灵崭新的认识。关于这种变形，有一个戏剧性的例子，所有的父母一定都知道。你每天都仔细观察自己的孩子，突然有一天他们给你带来了惊喜：你虽然仍然能够认出他们，但那种认识已经远远不够。你不得不开始重新倾听他们的心声。

毫不在意的工作态度比有目的的工作态度更有创造性。很多时候，人们都想用一些方法改变自己的生活，就像用锤子将自己的生活打造成固定的模式。智者能够辨认那种程式的目标，因此相应地强迫自己的生活变成那样。用这种方式创造出来的自我存在的神圣都是外在的，是强制性的。它使你在自己的心灵之外徘徊，你耗费多年时间，却迷失在自己机械的、程式化的狂野中。你在自己制造的饥荒当中毁灭。

如果换一种不同的节奏工作，你便会非常轻松自如地找到自我。你的心灵知道自己命运的图景。心灵当中本来就拥有未来的地图，因此你完全可以相信自己间接的、不够坦率的那一面。如果你这样做了，你将会被带到你需要去的任何地方，更重要的是，它将会教给你一种可以在旅途中使用的美好的节奏。这种艺术并没有任何既定的规则。然而旅行当中独一无二的记号将被深深印在每一颗心灵的深处。如果你留意自己并且希望找到真实的自我，你一定会发现属于自己的最准确的节奏。这种感觉正是通向归属感的道路。

一种全新的，事实上是你生活的一种完全的变形，是通过感官发生作用的。你的感官能够引领你进入自己内部世界最深处。最伟大的哲学家也承认，在更大的程度上，所有的认知都来自于感官。感官是我们通向这个世界的桥梁。人类的皮肤具有渗透性，世界流过你。你的皮肤有很多毛孔，允许世界进入。通过与感官的调和，在生命中，你不会被放逐，在由意愿和智慧搭造的无限的精神世界里，你不会找不到入口。

感觉愉悦会产生心灵共鸣

很长时间以来，我们都相信神圣存在于我们之外。这种想法极大地伤害了我们美好的愿望，使我们感到孤独，尽管人类的愿望有时候使我们变得可怕。每个人身上最美好的东西就是渴望，这种渴望是精神的，其中蕴含着极大的智慧。如果你将自己的渴望放在遥不可及的神圣上，会是非常不公平的，会伤害自己的渴望。这种情况常常发生，我们的渴望有时会指向遥不可及的神圣，但是由于这种过度的渴求会伤害我们自己，它回来了，回来的时候变得自嘲、空虚而消极。它会破坏你的敏感。然而我们可以做到不会由于自己的渴望而造成任何伤害。如果我们相信身体在灵魂中，灵魂是神圣的处所，那么神圣的外表将会完整地存在，并且与我们非常接近。

身体存在于灵魂，因此身体的感觉器官成为心灵的交汇点。当感官对外部世界开放的时候，它们首先进入的是你的灵魂。感性或者美感，存在于你自己灵魂的表面。华兹华斯在仔细观察了感官的这种高贵之后，写下这样的句子：“愉悦是我们作为人亏欠我们自己的高贵的贡品。”这是一种意义深远的远见。你的感官将你和你身体内部，以及围绕你的神圣紧密相连。与感官协调，可以柔软僵化的信念，可以温柔坚固的外表，可以温暖并治愈那种萎缩的感觉，那感觉是一种障碍，它让我们自我放逐，并且将我们彼此分离。于是我们不再被放逐在时常跟随我们的神灵之外。尽管我们要单独分析每一种感官，但我们必须承认感官总是一起工作的。感官是相互协调的。这一点我们从人对色彩做出的不同反应可以看出来，人们的反应说明人对色彩的感觉不仅是视觉上的获得。

眼睛就像黎明

我们最先能够想到的感官，应该是视觉，或者叫作景象。人类的眼睛将所有存在的东西聚焦，于是它们便有了价值。在人类的眼睛里，宇宙得到了深刻的反映并有了自己的属性。我甚至怀疑是否大地在梦想拥有自己的视野。眼睛，在它张开的那一瞬间，就像黎明划破夜晚的长空。睁开双眼，新的世界便出现了。眼睛也诞生距离。当眼睛张开，别人和这个世界都在我们的世界以外，距离我们很遥远。曾经活跃了整个西方哲学界的异样观点是一种想将主题和目标融为一体的愿望。也许正是由于眼睛诞生了距离，它便将主题从目标中分离了出去。然而，无限在一定程度上开发了我们对每一个目标的理解。约瑟夫·布朗斯卡说得很好，他说一个目标就能够使无限变成私密。

然而用一种完美的方式来看，由于眼睛诞生了距离，我们开始惊讶于我们自身之外所有事物的神秘和异己性。在这种意义上讲，眼睛也能够诞生亲密，它使事物接近我们。当你专注地凝视一个东西时，你便将它内化了。或许应该有人为“凝视”这个神圣的举动写下美丽的赞歌。与凝视相反的是侵略性的紧盯。当你被盯着看时，对方的眼睛会显得残暴。于是你会以一种侮辱性的、侵略性的甚至是攻击性的方式成为对方的目标。

如果你真正入迷地凝视一个东西，这个东西会成为你的一部分。这就是电视的一个消极面。人们会经常观看那些空虚的甚至是虚假的画面，这些无力的画面占据了人们的内心世界。这些现代化的影像和电子传媒，使人联想起柏拉图关于岩洞的寓言。犯人们被命令站成一排，并且被铐在一起，盯着岩洞的墙。他们背后的火焰在墙上映射出图案。于是犯人们相信他们在岩洞的墙上看到的画面是真实的。然而他们当时看到的，不过是真实的影子。电视和电脑里面的世界，都是非常空虚的虚幻世界。凝视一些能够同样凝视你的东西，或者一些有内涵有深度的东西，才能够治愈你的眼睛，并且增加你视觉的深度。

有一些人，他们在生理上是盲的，终日生活在单调的黑暗中。他们从来没有见过波浪、石头、星星、鲜花、天空或者其他人的面孔。同样，也有一些人，他们有很好的视力，但事实上也是盲的。爱尔兰著名画家欧米里是一个盲人艺术家。在介绍他的一幅作品时，英国艺术家帕拉里克·海龙这样说："与绝大多数人不同的是，托尼·欧米里用脚步看世界。"

我们很多人都已经将我们生活的这个世界雷同化，以至于不再对任何事物进行观察。当夜晚降临，不妨问问自己这样的问题：这一天我究竟看到了什么？你一定会惊讶于自己所没有看到的东西。也许你的眼睛整天都在不自觉地搜索，没有任何目的，也不做出任何辨认；当你张望自身以外的世界时，你并没有凝视或者观察。视觉的空间是复杂的，当你的眼睛望向视觉空间以外的时候，它们可能看不到任何东西。如果你试图看到视觉的全景，这时细节会变得不明确或者模糊，只有当你专注于其中的一个方面，你才可能真正看到它，但与此同时你却失去了那个更大的画面。人类的眼睛总是在选择自己想看到的，避免不想看到的东西。然而残酷的是，我们将选择什么样的标准来决定看到什么或者避免什么呢？很多有限的或者是消极的生活，就是由于视觉的这种局限性造成的。

一个令人吃惊的事实是，你如何看，以及你看到什么、决定了你如何做，以及你是谁。开始调整自己前，我们要做的一项非常有趣的事情就是：探测你观察的特殊性。问你自己：我是怎样看待这个世界的？通过思考这个问题，你能够发现自己观察方式的特殊性。

透过眼神，我们看到的

对于一双充满恐惧的眼睛，所有的东西都是危险的。当你怀着担心看待这个世界，你所看到的和关注的事物都会对你造成伤害和威胁。担心往往被威胁包围着。

对于一双贪婪的眼睛，任何事物都可以被拥有。贪婪是如今统治西方世界的一种强大的力量。令人伤心的是，贪婪的人从来不会享受自己已经拥有的东西，因为他们总是被他们所没有的东西所蛊惑。这些东西可以是土地、书籍、公司、观点、金钱，甚至艺术品。贪婪的动力和程序通常都是相同的。拥有是一种愉快，但遗憾的是，拥有从来不会停息，有一种内在的无法充实的饥饿感。贪婪是痛苦的，因为它时常会被未来的各种可能性操作放空，贪婪从来不会有自己的存在方式。然而，贪婪更加险恶的地方在于：它能够平静或者熄灭人的欲望。它能毁灭最自然最无辜的欲望，能够毁坏它的视野，并且取而代之以一种受驱使的占有。这种贪婪现在正在毒蚀着我们的地球，使它的人民变得贫穷。索取已经成为拥有的阴险敌人。

对于一双审判的眼睛，事物都接近于固定的模式。这双审判的眼睛望向世界，它将世界分成条条块块。它总是在做排除和分离，因此他从来不会用一种富有同情心的或者恩赐的方式看待这个世界。看就是审视。令人悲伤的是，这双审判的眼睛，在审视自己的时候也是同样苛刻的。它仅仅看到从自身折射出的痛苦的内心世界。审视的眼睛里是自身反射出的表面，而这却被称之为事实。在看待事情的本质，也就是事实的时候，审视的眼睛既不会有谅解也不会进行想象。于是，一种外在的由表象生发出的文化，自然成为这种轻易做出判断的意识形态的必然产物。

对于愤恨的眼睛，任何事物都会被嫉妒。任何允许愤恨的疮口进入他的视野的人，都不会明白自己是谁，不会珍惜自己所有的。他们总是用愤恨审视自己以外的任何人。也许他们之所以怨恨，是因为在他们看来，别人比他们更美丽，更有天赋，或者更富有。愤恨的眼睛，在自己的贫穷之外生活着，却遗忘了自己内部的丰实。

对于一双漠不关心的眼睛，没有任何事物能够唤醒它。冷漠是我们这个时代的一个特点。据说在权力的角度上讲，冷漠是必需的，想要控制权力，一个人必须对控制之下的任何事物的需求和弱点视而不见。这种情况下，冷漠便承担了无视的义务。想要忽视某种东西，需要有巨大的心理力量。甚至在对一切都没有任何意识之前，冷漠便将你放在一切同情、慰藉，以及爱的疆土之外。当你变得冷漠，你便放弃了所有的力量。你的想象只局限在嘲讽和绝望的牢笼里。

对于一双自卑的眼睛，任何人都是伟大的。任何人都比自己美丽、聪明，都拥有天赋。自卑的眼睛看不到自身的财富。他从来不会庆祝自己的当前的状况或者潜力。面对自己内在的美丽，自卑的眼睛总是不承认。人类的眼睛从来都没有被设计为用夸大别人高贵的方式高估别人，也没有被设计为用贬低别人卑微的方式藐视别人。在眼中观察别人，是一种真实、勇气和期望。任何人都是站在同样一块土地上，只是位置不同。

对于一双爱的眼睛，任何事都是真实的。爱的艺术并不是伤感也不是幼稚。这种爱是真实、恩赐和现实的最完美标准。苏格兰伟大诗人凯思琳·瑞娜说，除非你在爱的光芒中看待一个事物，否则你根本不算看到了它。爱是一道光，在这道光里，我们看到了每一样事物本来的起源、特性和定数。如果我们能够用爱的方式看待这个世界，眼前的世界将处处是鼓励、机会和韵味。

爱可以通过变形和更新来安慰痛苦、伤害和暴力。爱的眼睛是明亮的，因为它是自主的，是自由的。它可以充满爱意地看待一切事物。爱的视野并没有纠结任何权力、诱惑、反抗或者共谋。爱的视野是积极的，是具有颠覆性的。它从责备和审视的悲哀中解脱，将自己的经历放在起源、结构和定数的层面上。爱的眼睛透过图画，到达了事物最深刻的改变。对于你的现在和潜力而言，视野非常重要。辨认清楚你怎样看待事物，你便会对自己有清醒的认识，并且有助于你看到自己生命中潜藏着的珍贵财富。

舌尖的启示

品尝的感觉是微妙而复杂的。舌头是品尝的器官，也是说话的器官。品尝，在我们这个时代，属于一种已经消失的东西。在重重压力的包裹下，我们几乎没有时间去品尝各种美味。我的一个老朋友经常说食物就是爱。在她家中用餐时，每一位客人都必须用大量的时间、耐心和关切投入其中。

我们用餐的时候，不再倾注任何感官。我们已经丢失了礼仪、风度和亲密感，而这些对于每一餐都是很基本的，我们不再按照旧有的方式坐在餐桌旁。凯尔特人最美好的品质之一便是好客。陌生的来访者总是会得到一顿丰盛的餐宴。这种礼貌在其他任何商务活动中都可以看到。在庆祝一顿餐宴时，你同时也在品尝已经很久没有察觉到的风味。很多现代食物都完全地丢失了这种风味：在生长过程中，这些食品被添加了人造化肥，也被喷洒了化学制剂。于是渐渐地，它们便没有自然的味道。于是对大部分人来说，他们品尝的感官已经非常不明显。快餐业的例子给我们提供了一个启示，让我们看到了现代文化中情感的匮乏和品尝的缺失。我们对语言的运用也是这样。我们说舌头是品尝的器官，同时也是说话的器官。我们使用的大部分词都是快餐精神的变种。这些词对于匹配我们的经验，显得过于单薄；它们太过虚弱，以至于不能将事物内部的神秘真正表达出来。在这个快速而客观化的世界，语言像魔鬼，已经被缩写成符号和标签。本应映射灵魂的词语，沾染了物质的黏土。

远古文化中，特别是在民间文化中，词句后面隐藏着安静和黑暗的感觉，而这在现代文明中已经消失了。现代语言到处是缩写的首字母，如今我们已经没有耐心去品味有隐身意义和附加意义的单词。乡下人，尤其是西爱尔兰群岛的人，对语言有着非常强烈的感觉。有一种措辞，非常诗意并且有警示意义。直觉的力量和辨认的火花遍布这灵巧的措辞。英语口语在爱尔兰显得如此美妙的一个原因，就是凯尔特语的大量使用。这使得英语充满了美妙的色彩、细微的差别和巨大的力量。然而对凯尔特语的破坏是英国人在对爱尔兰殖民化的过程中犯下的最具破坏力的暴行之一。凯尔特语是如此诗意、如此具有力量的语言，它为爱尔兰保留了回忆。当你企图盗窃一个人的语言时，你会使他的灵魂慌乱。

在诗歌里，语言以一种安静的方式被诵读。诗歌是安静的语言。

当你看一页散文，里面充满词语；当你看一页诗歌，留有大量空白的纸上充斥着精炼的语言。纸是一个安静的地方，在这里，词语被镶上了轮廓，表达以一种隐秘的方式加深了。观察你想要使用的语言和单词是非常有趣的事情，它能够显示出你是否听到了一种安宁和平静。一种鼓舞和更新自己的方式就是用诗歌来表达自己。在诗歌当中，你的语言会找到纯洁的阐释，会得到感官的更新。

芬芳和呼吸

人对气味或者芳香的感觉是灵敏而直接的。专家告诉我们，在记忆当中，气味在一切感觉里是最忠实的。一个人儿童时代的气味也会留在心里。难以置信的是，街道里或者房间里某种淡淡的气味，便足以唤醒你遗忘多年的记忆。动物，毫无疑问，总是认真地追随着气味。带着狗走一段路就会发现它们是以多么不同的方式对待自然。它们紧随每一丝气味的痕迹，享受完全的冒险，追踪无处不在的看不到的气味。每一天我们呼吸 23 040 次，我们有 500 万个嗅觉细胞。而一只牧羊犬拥有 220 百万这样的细胞。嗅觉对于动物来说是至关重要的，因为动物们依靠它的提示避免危险。嗅觉对于生命是至关重要的。

传统观念认为，呼吸为灵魂进入肉体提供了道路。呼吸从来都是成对的，除了第一下和最后一下。从深层意义上讲，呼吸是精神的姐妹。对于精神，最古老的单词来自于希伯来语 ruah，这个词也代表空气和风。Ruah 也表示痛苦、激情和感情——灵魂的一种状态。这个词的含义是：由于神不可阻止的激情和痛苦，上帝就像呼吸和风。在基督教传统里，对三位一体的理解同样暗示着圣灵通过神父和儿子的呼吸，在三位一体中诞生；专门有一个词，叫作 spiratio。这种原始的理解，将精神野性的创造和灵魂的呼吸，在人体内联系了起来。呼吸也是一种暗示，因为像呼吸这样的神性，是看不到的。思想的世界在空气中寄居。我们所有的思想都是在空气中发生的。最伟大的思想也从空气而来。正是在这里，灵感扎根了——你在思想中呼气吸气，这思想在空气中隐藏。灵感永远不会被程式化。你可以做些准备，可以随时准备好发现灵感，但是一切还是自然发生的，是不可预测的。它打破了重复和预料。灵感总是令人惊讶的来访者。

在学习、调查，或者在艺术世界里实践时，人们总是一遍又一遍地尝试，希望做好准备工作，让伟大的图景或者思想能顺利达成或者被采纳。气味的感觉包括对芳香的敏感，而呼吸的机能在祈祷和沉思中也发生着作用，在这里，通过呼吸的节奏，你可以到达自己灵魂最初的阶段。通过呼吸冥想，你开始经历自己内心的一个地方，这个地方与神圣是如此的接近。你的呼吸和它的节奏能够将你带回到最原始的所在，就像爱卡德说的，这是一所你从来没有离开过的房子，是你仍然生活其中的房子：是你的精神所在。

在听与听到之间

有了听的感官，我们聆听万物。现实一个很大的界限就是声音和安静之间的界限。所有美妙的声音都有旁边的、背后的或者内部的一种安静。每一个人首先听到的声音是黑暗中在母亲子宫里母亲的心跳。这就是为什么鼓作为一种乐器会与我们发生最古老的共鸣。鼓的声音给我们带来安慰，因为它将我们带回了聆听母亲心跳的年代。这是一个完全有归属感的时代。没有任何空隙，我们完全与另一个人连为一体。爱尔兰韵律和蓝调音乐权威 P.J. 卡迪斯常常说，对意义的探寻就是对丢失的和弦的探寻。一旦人类找到丢失的和弦，世界上的不和谐将被治愈，而宇宙的交响乐将完全与自己协调一致。

拥有听的礼物是一件非常美好的事情。据说听不到要比看不到糟糕，因为你会在一种可怕的安静中感到孤立。尽管你可以看到围绕你周围的人和世界，处于声音和人类嗓音的背后，却是孤独的。在听与听到之间，有一种非常重要的区别。有些时候我们倾听，但是却什么都没有听到。真正的倾听让我们感受到那些没有被说出来的，或者不可能被表达的东西。有些时候，最重要的神秘的极限，在安静的地方。确切地说，精神对于安静的可能和存在拥有极大的尊敬。马丁·黑德格尔说，最真的倾听是敬仰。当你用灵魂去倾听，你会与宇宙的音乐节奏保持协调和统一。通过友谊和爱情，你学会了在安静中，在你和爱人彼此的归属中调解。

诗人是那些醉心于安静和语言交集点的人。诗人的一个非常残酷的任务就是去找到自己的声音。当你写作的时候，你感觉自己正在写下美妙的诗句；而当阅读他人的诗词时，你会感觉他们仅仅是写下了同样的东西。为了领悟对方最深的印记和音调，你会花费很长的时间筛选你收到的声音中的各种表面现象。当用内心深处的声音说话，你便是从你自己拥有的唯一的存在里说话。在你内心深处有一种声音，是任何人，包括你自己都不曾听到过的。给你自己一个安静的机会并且开发自己的听力，以便能够听到你自己内心深处的、你自己精神的音乐。

音乐是能够匹配安静的最完美的声音。在你用心听音乐的时候，你便开始感觉它如何为心灵带来平静，感觉它如何挖掘出安静当中隐藏的神秘。在声音遇到安静时，那种附和便清晰可见了。在人类到达地球之前很久，有一种原始的音乐。人类带到地球上的最美好的礼物之一便是音乐。在美妙的音乐中，地球原始的渴求获得了声音。伟大的创作家塞吉·塞利拜德克曾经说过："我们不能创造音乐，但是我们能够创造让音乐出现的条件。"音乐服务于安静和自然的孤独；音乐是一种最有力量的、最直接的、最具亲密感的存在。或许音乐也是一种艺术形式，将我们带到距离永恒最近的地方，因为音乐直接而不可逆转地改变了我们体验时间的方式。在我们倾听美好音乐的时候，我们进入了时间无限的尺度。刹那间，被打断的线性的时间消失了，我们进入到了无限世界内归属的圆圈。爱尔兰作家肖恩·奥佛莱说：“在伟大音乐的表面我们没有选择，只能高贵地生存。”

美妙的触摸

我们触摸的感觉，用亲密的方式将我们与世界联系了起来。作为产生距离的母亲，眼睛让我们知道了我们存在于一切事物之外。罗丁的《拥抱》中，有非常华丽的一个章节。在这章里，两个身体互相探索，通过亲吻撕扯。所有的距离，在亲吻时被打破了；两个被分割的人最终找到了彼此。触摸和触摸的世界使我们远离了距离的陌生感，进入归属的亲密。人类用他们的手去触摸，去开发，去追踪，去感受他们之外的世界。手是美丽的。康德说过，手是心灵的可以被看到的形式。触摸为表象搭建了家园。触摸的行为使我们接近别人的世界。触摸与眼睛相反，眼睛直接将目标物传输进大脑，进而根据自己的逻辑做出判断。但触摸却确认它触摸到的东西。它不能调整，只能将目标物带得越来越近。我们用touching这个词形容深深感动了我们的故事。触摸是一种感觉，通过它我们感受痛苦。没有任何犹豫或者混浊能够带给我们痛苦造成的效果。它直接进入了我们身体的中心，惊醒我们的脆弱和绝望。

现在我们知道，每一个孩子都渴望被触摸。触摸表达了一种渴望、温柔和温暖，这为婴儿带来了自信、赏识和镇静。触摸拥有如此巨大的威力，是因为我们生活在皮肤下的奇妙世界。我们的皮肤是活动的，是在呼吸的，它总是非常活跃。人类享受它的这种温柔和脆弱，因为我们不是生活在果壳里而是皮肤下，皮肤总是对力量、触摸和世界的存在非常敏感。

触摸是一种非常直接的感官。触摸的语言是它自己内部的语言。触摸同时也是微妙的，是与众不同的，它包含着记忆中的精致。有一个钢琴家去拜访自己的一位朋友。他问她是否希望为她弹奏一些曲子时这样说："现在，我手里有来自肖邦的一首美妙的曲子。"

触摸的世界包含着性的整个世界，这可能是人类最温柔的一面。当你和某个人性交，你已经允许他完全进入你的世界。性的世界是一个存在着的神圣世界。爱神在当代利益和贪婪的毁坏中伤亡了。乔治·斯坦曾经写过一些强有力的东西。它显示出亲密的词、夜晚性爱的词、爱的秘密的词在霓虹灯下已经被贪婪和商业化抹杀了。我们急切地需要重新找回这些温柔而神圣的词，从而最大化我们作为人的本性。当你看自己灵魂的内部世界时，不妨问问自己触摸的感觉是怎样被开发的？你是否真的曾经触摸过任何东西？你是否生活在那种能够激发美感的、温柔的并且有治疗功能的触摸的力量里，并且被它唤醒了？对触摸的修补能够为你的生命带来新的深度；同时它能够治愈你，使你强壮，并且让你更加贴近自己。

触摸是这样一种直接的感觉。它能将你从错误的世界中拯救，从流放和虚拟的世界中拯救。重新发现触摸的感觉能够使你回到自己精神世界的中心，使你能够再次体会温暖、温柔和所属。在人类的强度达到最顶端时，词句也变得安静。这时候，触摸的语言才开始真正说话。如果迷失在悲伤的峡谷，则一切语言都显得苍白无力。温暖的拥抱和环绕能够带来唯一的庇护和安慰。另一方面，在你真正感到快乐的时候，触摸便是一种狂喜的语言。

触摸为遭遇、唤醒和归属感的神秘提供了线索。触摸正是每一种连接或者孤立的秘密的情感表达。触摸的所有能量、温暖和吸引最终都来自于神圣。圣灵是有触觉的上帝那野性而激情的一面，他的触摸时刻环绕着你，让你距离自己和他人更近。圣灵让这些距离变得有吸引力，并且用亲密和所属的芳香点缀着它。优雅的距离让陌生人成为朋友。你的爱人和朋友曾经都是陌生人。然而在一个特殊的时间，他们从遥远的地方来到了你的生命里。他们的到来显得非常偶然和意外。现在如果没有他们，你的生活将无法想象。同样的，你的身份和视野是由一些观点和感觉组成的，这些观点和感觉来自于你自身距离的深度。现在失去它们等于失去你自己。你生活在这片神圣的土地上，并且在这里游走。圣·奥古斯丁这样形容上帝，他说 ：“你比我自己对我更加亲密。”圣灵，上帝的这种微妙，直接触摸了你的灵魂并且温柔地编织着你的道路和你生活的每一天。

第三章

闪光的孤独

灵魂的世界是神秘的

我出生在一个石灰岩的峡谷。生活在峡谷就是享受自己的天空。环顾四周，生活就像是被镶嵌在地平线里。这种地平线掩盖着生活，但也常常为眼睛带来新的视野和可能性。海洋的存在，进一步强化了这种景色的神秘性。千百年来，海洋的喧嚣和岩石的沉寂之间的对话，从未停止过。

天地之间，没有两块相同的岩石。每块岩石都有自己的面孔。通常，光线总是能非常轻柔地洒落在岩石的表面，展示着它的存在。这里，感觉好像是不再有狂野的、超现实主义的神灵。这些曾经耐心而静寂的岩石，依旧讴歌着时间的安寂。爱尔兰的风景充满了回忆，它包含着古代文明的废墟及踪迹。在这个风景中存在着曲度，色彩和形状不停地阻挠着渴望对称和简单线条的眼睛。爱尔兰诗人叶芝（W.B.Yeats）

在谈到这个风景时说：“这种强烈的颜色和精致的线条是我们隐秘的定律。”每隔几米，风景就改变了；总是带给我们无尽的惊喜，向我们展示了曾经崭新的深景，这种景色感动了我们的眼睛，唤醒了我们的回忆。这种风景有野性而平静的复杂性。从某种意义上来说，这正反映出凯尔特思想的本质。

凯尔特的精神从不被单线条吸引，它避免那种从确定中寻找满足的观察和行为的方式。凯尔特的精神对于圆圈和螺旋的神秘怀有一种崇高的敬意。圆圈是最古老和最有力的标志之一。世界就是一个圆圈，太阳和月亮也是。就连时间本身也有圆形的特性，一天和一年搭造成一个圆圈。在人类最亲密的层次上，每个个体的生活也是一个圆圈。这个圆圈从来不向自己的眼睛或者心灵完全展示自己，但却向复杂和神秘的东西表现出可信任的盛情，将深度和高度包容起来。这个圆圈从来不把神秘简化为单一的方向或者偏爱。与这种限制相对应是凯尔特精神的一个显著特点。灵魂的世界是神秘的。神秘和神圣是一对姐妹。当神秘不被注意，神圣便会消失。因此，反射不会将强烈的或者有攻击性的光线照射进灵魂的世界。凯尔特精神世界里的光线是一种日月半影之光。

留住视野里的那一抹神秘

在我们的时代里，存在着一种空前的精神危机。越来越多的人的内部世界开始醒悟，他们的灵魂开始渴望永恒。这是意识的新形式。然而这种精神危机的一个非常危险的方面在于，它是在如此强烈而持久的光线当中看待事物的。现代知觉的光线不是柔和的甚至不是恭敬的；对于神秘的存在，它缺乏亲切感；它只是想解开或者控制未知的世界。现代知觉类似于医院手术台那种粗糙的强烈的炽光。这种氖光太过直接、太过清晰，以至于不能亲近灵魂的隐秘世界。这种光对于那些拘谨的或者隐藏的事物是不友善的。凯尔特心灵对神秘事物及个体灵魂的深度有着一种非常的尊重。

凯尔特人意识到每一个灵魂的形状都是不一样的，每一个人所穿的精神外衣都不会适合于其他任何人。非常有意思的是，词语“revelation”（意为显露）来自于“revelere”，字面意思是“重新蒙上面纱”。在重新蒙上的面纱揭开的瞬间，灵魂的世界得以窥视。通往神圣的道路从来不是直接、持久或者公开的。每一命运都有自己的唯一的曲度，而且都必须找到属于自己的精神归属与方向。个性是唯一一扇通往灵魂潜在和祝福的门。

当精神的搜索过于强烈和饥渴时，灵魂便继续隐而不露。灵魂从来不想被完全看透。在对阴影亲和的光线当中，灵魂才会觉得安适。在发明电之前，人们在夜里总是点蜡烛。这种光线非常亲近黑暗，它轻柔地揭开了黑暗的洞穴，在现实中释放了想象。蜡烛允许黑暗保留自己的神秘。在每一束蜡烛的火焰当中，都有阴影和光亮。烛光的知觉是接近内部世界的最值得尊重的、最适当的光线。它没有将我们痛苦的幻觉强加于神秘。这一点窥视已是足够的。烛光的知觉对于神秘和灵魂的自主权有着最恰当、最敬重的配合。它既不需要也不渴望侵略到神圣的栖息地——“temenos”中去。

在我们的时代，研究灵魂常用心理学的语言。心理学是一门奇妙的学科。在很多方面，心理学都成为开拓者，它的英勇的探索发现了未知的内部世界。在我们直接知觉的文化当中，很多心理学都放弃了神化的多产和尊重，心理学站立在氖的知觉的限制里，对于重新找回和打开灵魂世界的深度和密度都显得无能为力。凯尔特神秘主义认为，与其努力试着揭露灵魂，或者向它提供我们敏感的照顾，不如让灵魂发现我们，并且照顾我们。凯尔特神秘主义对于感官非常温柔并且缺乏精神的侵略性。凯尔特故事、诗歌和祈祷都用一种推论性的语言表达；这是一种抒情的、可敬的观察性质的语言。它常常能够唤起对于日本俳句那种单纯的回忆。它越过了自我陶醉的、自我反省的语言的关节，创造出一种明晰的词语形式，通过它，自然和命运的各种超自然的深度都可以发光。凯尔特精神能够辨认智慧和细小的光芒，而这些正可以守卫和深化你的生命。当你的灵魂觉醒，你的命运便开始因创造而紧迫。

尽管命运只是缓慢而部分地揭示自己，我们仍然通过人类的外在表现而感知它们。我常感动于人类在风景中的存在。当你在山谷中漫步，遇到另外一个人，这时你会非常敏感地观察这个人的面孔，把它当做与自然界的狂野相对立的图标。面孔是一个门槛，在这里一个世界探视外部，另一个世界在探视内部的自己。面孔将这两个世界联系在一起。在每一张面孔背后，都隐藏着一个不为人知的世界。精神世界的美妙就在于它的内部友谊的深度，这种友谊能够完全改变你所触摸、观察以及感受到的任何东西。从某种意义上说，面孔是间接透视每个灵魂的地方。然而灵魂总是变幻无常，因为面孔不能直接表达我们的直觉和感受。尽管如此，随着年龄和阅历的增长，面孔逐渐地能够照射出灵魂的旅程。越是苍老的面孔，越能够折射丰富的内容。

出生即被选择

出生就是一次被选择。没有人的出生是偶然的。我们每一个人，来到这个世界都有特殊的命运。当用精神的方式阅读事实时，事实的深层含义通常便会显现。仔细思考受孕的瞬间，你便会发现其有着无穷的可能性。然而，在绝大多数时候，仅仅只会有一个孩子被孕育，这就似乎证明某种选择已经发生了。这种选择宣布了一种天意，它想象了你，创造了你并且总是关注着你。你不能够选择很多构成你命运的重要因素：你什么时候出生、在哪儿出生、谁生你。想象一下，如果你降生在邻居的房间，你的命运将会是怎样的不同。你的命运并不会由你自己选择。换句话说，一种特殊的命运早就已经为你准备好了。但是你仍然拥有自由和创造力，你可以为自己创造新的关系群，从而在新的命运中稳步前进，新的命运包含了旧有的因素，同时并不局限于此。这就是成长的神秘力量，它在你生活的外部世界的背后悄悄发生作用。

命运构成了经历和生活的外部框架，而自由才真正能够发现并且填充里面的内容。

在你来到这个世界之前的千百年里，你个人的憧憬早已经注定了。你在出生的同时，便被赋予一种命运，在这个命运中，你能够表达你带给这个世界的礼物。有些时候，这个礼物或许会陷入痛苦和伤害，而这些都不能被预计到或者获得解释。对每一个人来说，这都是唯一的命运。我们每一个人都能够做一些事，而这些事是除了我们本人之外，任何人都代替不了的。如果有人能够实现你的命运，那么他们将会是你现在的样子，而你却会与现在不同。只有在你生命的深处，你才能够发现把你带到这里的那种看不到的必然性。当你开始解释这一切的时候，你的天赋和才能将会显现。你的心跳加快，生命的紧迫性重新点燃你的创造力。

如果你能够领悟到命运的这层含义，你便融入了自己生命的节奏。如果你否认了自己的潜能，如果你将战胜平庸视为号召的庇护所，你便失去了自己生命的节奏。如果你失去节奏，生命会变得令人厌倦地苦恼和机械。节奏是创造平衡和归属的神秘钥匙。它不会在虚幻的满意和被动中坍塌。正是这种动态平衡的、精神解读的、平衡感的节奏，才不是以自我为中心的。这种节奏的意义是深远的。所有的生命来自于海洋，我们每一个人都来自于子宫里的水，潮水的涨退在我们呼吸的涨退中复苏。当你能够与自己的本性相和谐，没有任何灾难能够威胁你。天意与你同在，它留意你，将你带到你自己的新天地。注重精神就是配合自己的节奏。

无处不在的灵魂

我常常觉得内部世界就像是一道风景。在我们这个峡谷的景色中，总有无限的奇迹。能够站在山顶观察泉水从厚重的岩石下流出，这是一件非常美妙的事情。这样的泉往往都有自己的黑暗和沉寂。它来自于高山的心脏处，那里是人类的肉眼所不能触及的。泉的奇迹象征着我们内心深处古老的知觉源泉的唤醒。随着突然的清晰，内心深处的泉水复活了。

风景的安静掩藏着巨大的存在。空间不仅仅是简单的场所。一个空间是一个深具意义的个性。它的青草和岩石的表面质地，被雨水、柔风和光线轻抚着、祝福着。风景全神贯注地欢庆着每个季节，将自己毫不隐瞒地奉献给女神的激情。风景的外形是知觉的一种古老而沉寂的形式。山川是巨大的沉思者。河流和小溪贡献着声音，它们是地球快乐或者悲伤的泪水。地球充满着灵魂。古希腊的普洛提诺（Plotinus）在Enneads中这样提到灵魂对宇宙的爱心："宇宙包容万物生灵，他们循环其中，并且拥有一个灵魂；在各自不同的参与度中，这个灵魂触及所有的生命。"

文明驯服了空间。广场被分割为一个个的家庭和城市。道路、市集、楼层都是平坦的，以使我们的步伐或者旅行可以更加方便。在旅行者或者短期居住者的愉悦中，古老的所在总是得不到注意。人类只知道过去的夜晚。而在风景表层的下面，地球生活在一个内部的夜晚中，它是黑暗和万物起源的古老摇篮。

毫无疑问，在凯尔特世界里，井是一个神圣的地方。井被视为深处、黑暗、未知的地下世界与外部世界的光和物交织的所在。爱尔兰的土地在古老的年代被视为女神的身体。井被作为象征神灵出境的空穴受到敬畏。有位哲人说："所有的人都饮用过井水。"即使到今天，人们仍然参拜神圣的泉水。他们按顺时针方向绕井几周，并默默放下贡品。不同的井被认为包含着不同的康复力量。

心中的井被唤醒，新的无限可能便开始流动，这时候你会在自己身上看到迥然不同的深度和兴奋。这种唤醒的艺术被爱尔兰作家史蒂文（James Stephens）这样描绘："唯一的障碍就是我们是否准备就绪。"我们总是被放逐，将灵魂的丰富世界留在外面，仅仅因为我们没有准备好。我们的任务是美化我们的心灵。我们周围有为我们准备的很多恩赐和美好，然而如果我们没有准备好接受它，它将不会进入我们的生活。门的手柄永远都在门内，只有我们自己才能够打开它。我们不能准备完备通常是由我们的无视、恐惧和缺少自我认知造成的。当我们准备好的时候，我们将会被祝福。在那个时候，心的门就成了天堂的门。莎士比亚在《李尔王》中说："人们必须忍耐／他们的离去如同他们的到来／成熟就是全部。"

改变自我

有时候，我们的精神思绪将我们阻隔于我们内心归属之外。我们变得沉溺于所谓的心理学的或者宗教的方法或者内容之中。我们变得如此不顾一切想要了解如何做，穷其一生我们忽略了自己真实的经历。凯尔特心灵的美好之处还在于它的自发性，自发性是精神最伟大的礼物之一。自发就是通过信任，从自我的牢笼中逃脱，这种信任是高于自我的。精神的思绪里最大的敌人就是自我。自我不会表现出一个人个性的真正形式。自我是一个人在惊恐或者自我防御中表现出的错误的自己。自我是一种防御性的外壳，我们在我们喜好的周围布满了它。自我源自于胆怯，是对他人的信任和对自己的另一半的尊敬的失败。一生当中最大的斗争是自我和灵魂之间的斗争。自我是受惊吓的，是竞争的，是受压迫的；而灵魂是充满惊奇的，是自发的，是新鲜的。真正的灵魂是幽默的、讽刺的，没有强迫性的自我严肃。它避免所有令人厌倦、疲惫和重复的东西。泉水从坚硬的地面涌现的图景预示着新鲜的思维能够从随时敞开着的心灵迸发。

弗洛伊德阐释了灵魂的各种复杂性。一个人并不是一个简单的一维空间的自我。在每个灵魂当中都有一个迷宫。我们的所思所想往往与我们的所作所为相冲突。在我们知觉意识的表层下，一个巨大的未知的固定存在决定着我们的行为。地球和神灵的秘密的故事在我们的内心低语。我们开始意识到那种不知不觉驾驭我们的盲目和困扰。我们发现自己总是回到相同的地点，这里空荡荡并且使我们的本质减少或者贫穷。所有的精神上的行为首先都是无意识的，这是隐蔽的渴望的领域。

无意识是一种充满力量的、连续不断的存在。每一个生命都从这个内部的黑暗而来，并且与之不断斗争，这个黑暗的生命力折射在我们的所思所想所为上。我们是尘世的容器，用来盛满财富。然而，财富的样子比我们能够想象到的更加黑暗更加危险。当无知觉发挥作用，它的潜力量便不再囚牢我们。自由的作用是缓慢而不可预知的，然而它却会在这个地方发生作用，这里每个个体都成为自己变形的管理人和主体。在我们的外部，社会用内在的方式发挥着作用，他的挑剔的眼睛了解不到内部，但是却能够通过图像、印象和仪式的镜头看到。

不存在精神思绪

在这个时代，我们总是困扰于精神思绪。这样的精神思绪总是直线型的。精神生活被想象成一场台阶旅行。每一个台阶都有它自己的方法论、消极性和可能性。这种思绪通常都会成为自我的终结。它使我们的自然存在背叛我们自己，将我们与自己最亲密的拥有割裂开来。过去已经被放弃了，不可追回；现在是通往昭示神圣、融合和完美的未来的支点。当时间被缩小为线性的，它便缺少了存在感。爱克哈特（Meister Eckhart）从根本上修正了对精神程序的概念。他认为世界上并没有所谓的精神旅程。如果有一点点，那会是令人欢喜的。如果有精神旅程，那也只会有几英尺的路程，尽管会很深。

永恒触目可及，它并不遥远。没有什么东西像永恒那样离我们如此之近。正如凯尔特人俗语所说，Tá tír na n -óg ar chul an tí——tí álaimn trina chéile，意思是："屋后是永远年轻的土地，内在流畅的美丽土地。"永恒的世界和人类世界并非是平行的，它们融合在一起。凯尔特人美丽的俗语 fighe fuaighte 所说的"彼此编织穿插在一起"恰到好处地捕捉到了它们之间的关系。

在我们普通生命的背后，永恒的命运塑造着我们的生活及其方式。人类精神的觉醒是一种回归。当我们熟悉一个事物时，我们便失去其能量、优势及刺激。黑格尔曾说过："通常而言，事物因为是熟悉的而变得不可知。"这句话铿锵有力。在熟悉事物的背后，潜伏着我们陌生的因素。对于我们的家也是这样，家是我们的生活之所，更确切地说，是我们的生活伴侣。我们简化个人的狂野与神秘，美化那永恒、熟悉的映像。然而，熟悉的事物，我们往往仅仅看到了它的正面。熟悉使我们驯服、受限制，直至最终忘记神秘事物。我们坦然面对作为映像的神秘事物的表面，并与他性以及未知世界的骚动保持距离。熟悉是人类疏远最微妙、最有说服力的形式之一。

在一本与门多萨（P. A. Mendoza，哥伦比亚作家）的对话集中，当门多萨被问及他与其妻子之间三十年来的关系时，他说："我非常了解她，以至于我根本不知道她到底是谁。"对门多萨来说，熟悉是探索与神秘的号召力。相反，我们对周围的人有时候是如此的熟悉以至于他们消失在不远处，不再念起。熟悉能够显得相当死气沉沉，一切就如例行公事般，没有挑战或者意外。

在我们的旅行中也会出现这种情况。还记得我在德国蒂宾根城（Tubingen）的第一个晚上的情形。我花了四年时间在那里学习黑格尔，但是在第一晚，蒂宾根城对我来说是完全陌生的。那晚，我思考着，仔细打量着蒂宾根城，因为我知道我将永远不会再这样看它。事实确实如此。一周后，我认识了去演讲厅、研讨室、食堂以及图书馆的路。在我对这个陌生地方的路线了如指掌后，它变得熟悉起来；不久，我便无法再如实、客观地看待它了。

唤醒内心世界对人们来说并非易事，尤其是当他们对自己的生命过度熟悉以后。他们发现从麻木、冷漠的生命中寻找新鲜、有趣、刺激的事物显得力不从心。然而，我们已经拥有了在生命旅途中的所需之物。因此，在我们灵魂世界的阴暗面中存在着巨大的陌生。我们应该对我们已拥有的灵魂之光更加熟悉。唤醒内心生活以及内心寂寞的深度与希望的第一步，就是要短暂地把你自己当成是内心世界的陌生人。把自己当成一个十足的陌生人，对那些刚在生命中靠岸的人来说是一种解脱。这种沉思有助于打破满足与熟悉的麻木抑制。渐渐地，你开始领会自身的神秘与魔力。你会意识到你不是沉闷生活的无助的主人，而是一个短暂的过客，拥有着自己无法创造与追求的幸福与可能。

身体是你唯一的家园

人的身体是黏土做成的，真是不可思议。每一个身体都由四种元素构成。人的肉身是个土坯子，活在空气当中，然而血液、思想和灵魂的火焰点燃了全身的每一个细胞。人的生命和能量，以水的方式在体内循环。我们人类来自于大地深处。想想数以百万计的大大小小的陆地吧，它们永远无法从地底下脱身。同样是黏土，它们找不到一种上升的方式，一种摆脱地平线以下的黑暗世界、扑向光明的方式。从这个意义上说，凯尔特人的想法是十分美妙的，他们认为地下并不是一片黑暗的世界，这个世界是灵魂的世界。而爱尔兰人自古就相信，Tuatha DéDannan，即那些被驱逐出爱尔兰土地的凯尔特部落实际上仍生活在这片土地下面的世界里，并且从下面遥控地面土地的肥力。结果，每一个爱尔兰国王加冕的时候，都与大地女神结成象征性的婚姻。他所获得的王权就能够协调地面的青草庄稼和地下世界的关系，因为这个世界是地面上一切的根源。凯尔特民族是农耕民族，因此这种关系的协调是十分必要的。这一带有神话气息的观点，极大地影响了爱尔兰人民对土地的看法。土地不是一种东西，不仅仅是一种自然界存在的东西，它有自己的光亮。土地默默地记忆着所发生的一切，没有丝毫错漏。汤姆墨菲的戏剧里描写的就是一个人失去对土地的感觉以后，立刻也失去了与自己身体联系的能力。

爱尔兰人对土地的神秘观点在各地的许多故事和传说中都被提到过。魔鬼和精灵的故事到处流传。在我们周围就有人传说一只通灵的猫在一片广阔的田野里守着古老的金子。还有人听说过一系列玄妙的故事，描述的是精灵世界的自由生活和它的结构。人来自地下的世界。寻觅许久，黏土最终在人的身上找到了一种存在的形式。你身上的黏土被赋予了接触光明的特权，同时也背负一个重大的责任。

你身上的黏土成型了，接触了它从未接触过的光明。海德格尔说，人是生命的看护者。我们认为，人是黏土的看护者。你所代表的那个世界请求你为之言语。你所感受到的欢乐并不属于你自己，而属于铸造你的黏土。有时候你会觉得痛苦蔓延至全身，那情形就像大地上笼罩的层层暮霭。这样的痛苦足以把你击垮。但是，要干涉这种感觉的流动过程却不是个好办法。必须得承认，你的心情相对更属于身上的黏土，而不仅仅属于你的大脑。静静等待痛苦时分消逝，它将离你远去。我们常常忘记身上的黏土也是有记忆的，并且先于我们大脑的记忆。黏土在成型之前已经拥有了生命。无论看起来多么现代，事实上我们都来自同样古老的黏土，我们都是兄弟姐妹。我们各自都有一部分与众不同的地方，这些地方使每个人的身上都闪烁着独特的光芒。要实现真正的自我，你需要接受来自其他黏土的光芒。

我们从根本上来说属于美丽的大自然。我们的身体知道并且渴望这种归属感。身体不会在精神上或情感上驱逐我们。人类身体的家园就是这一片大地。也许我们脑子里有一些碎片，这些碎片造成了我们自我放逐的痛苦。而在黏土与人类大脑之间的紧张关系是人类创造力的来源。这是古老与现代之间的紧张，是已知与未知之间的紧张。这种关系只催生了想象力。只有想象力才能驰骋游离于体内各种不同力量之间。想象力严守公正，它不偏向于我们体内任何一方。它努力在双方之间创造一种深层的交流，这样才能产生一些最原始的东西。想象力热爱象征这一手法，因为它认为内部的神性只能通过象征得以表达。而这一象征从未完全暴露于光明之中。确切地说，它引起思考，因为它守候在黑暗来临之前的那一刹那。通过想象，灵魂才赋予你深刻的体验。想象就是反映你内心世界的最清澈的镜子。

人性未必是寂寞或孤单的。如果承认人性是古老黏土的化身和誓言，那么人就能与其本性和睦相处。如果爱和友情真正觉醒，那么对人身上的黏土的认识也将被唤醒。如果你对爱人的身体十分了解，你甚至可以想象得出她身上的黏土原本来自何方。你可以察觉到不同的黏土在她身上调和：也许有些来自宁静的湖泊，有些来自无所遮蔽的孤单的地面，更多来自隐秘的角落。我们永远不知道人体内的黏土究竟来自多少个地方。风景并非都是外部世界，有些已经进入灵魂，浸透了人类的存在。

自然的这种深刻的超自然的存在方式被引入爱尔兰大诗人艾马里根的诗歌里，当他沿着海滩捧起代表爱尔兰人民的黏土时，他吟诵道：

我是海上飞扬的风，
我是洋上激荡的浪，
我是枕边的私语，
我是那七位勇士的骏马，
我是那悬崖峭壁上的雄鹰，
我是一缕阳光，
我是一片森林，
我是猛兽，
我是游鱼，

我是草原上清澈的湖泊，
我是知识的世界，
我是战枪的尖锋，
我是点燃智慧之灯的神。

这首诗传统上被认为是爱尔兰创做出的第一首诗。诗中所举的事物与爱尔兰早期的文学都有着明显的联系。这里不存在二元论。有的都是合二为一。这首古老的诗歌扭转了笛卡儿那种孤单无助的思想“cogito ergo sum”——我思故我在。对于Amairgen来说，却是它在故我在。我存在于一切事物中，一切事物也存在于我身上。这一对存在的赞歌反映了存在论的深度和“心灵挚友”体验的统一。

凯尔特人的世界发展出一套对人性复杂性的深刻体会。我们体内起冲突的地方通常也就是不同的黏土记忆汇合的地方。这些地方的能量有可能没有得到提炼，仍然处于原始状态。但只要认识到人类黏土的本质，我们的体内就能产生更为古老的和谐。这种认识可以帮助我们回到意识把我们和大地分开之前的地方，重新享受那古老的韵律。这就是灵魂的可爱可敬之处。灵魂居于空气和大地之间。你的灵魂为你的身体和你的思想打点调停，它保护二者不受伤害，并把它们紧密联系在一起。从这一最原始的角度看，灵魂是富于想象力的。

身体存在于灵魂之中

我们必须学着去相信我们自身潜在的方面。你的灵魂就是你的意识和身体的潜在方面。西方的思想已经告诉我们，灵魂存在于身体之中，而且被限制在我们身体的一个特殊的、小而精巧的区域内。它经常被想象成白色的。当一个人死去的时候，灵魂便会离开，身体便开始腐朽。这种关于灵魂的说法似乎是错误的。事实上，对这一问题的更远古的看法恰恰相反，认为身体存在于灵魂之中。你的灵魂比你的身体延伸得更为遥远，而且它同时弥漫于你的身体和意识之中。你的灵魂拥有比你的意识和你的自我更为精致的触角。对这一更为边缘的空间的信仰将把我们带至人类历险的新境地。但是，我们必须让这一切循序渐进，我们必须不再强迫自己，否则我们将永远无法进入我们自己的内心。我们的身体里，一种远古的东西正在起作用，创造着神奇。其实，要感受你灵魂个体的真实意义，你不需要做太多，最基本的是要安静，另外要保持孤独。

孤独是人类精神中最宝贵的一样东西，它不同于寂寞。当你寂寞的时候，你对你被分离的感受变得极端敏感。孤独可以带你回归你灵魂的最深处。关于我们每个人身上的可爱的地方都是无法比较的。在每个人的内心深处，总有一点东西完全地与其他任何事物、任何人毫无关系。这是奇妙的和令人恐惧的。这意味着我们不能继续在外部世界寻找我们内心所需要的东西。这种我们渴望得到的福音不能在其他任何地方、任何人身上发现。要得到这个礼物只能靠你自己。它们在你的灵魂深处。

自然即神圣

在爱尔兰西部，许多房子都生炭火。在冬季，当你出访某人的时候，你要穿过寒冷荒凉的原野，直到进入生着炭火的房子，那里温暖和神奇的火苗正等待着你。草地露出地面，并携带着关于树、原野和远去时光的记忆。泥土在家庭里面燃烧是很神奇的事情。我喜欢火炉，它代表着家、温暖和回归。

在每个人的内心的孤独中都有一个温暖和明亮的火炉。这种无意识的想法虽然深刻而精彩，但有时也会惊吓到未曾回归他们内心火炉的人。我们错误地认为潜意识可以收容我们内心的压抑和伤害。在我们对自身的恐惧之外，我们想象了有魔鬼在那里。叶芝说："一个人需要不计后果的勇气来坠入自己的深渊。"事实上，这些魔鬼不能解释所有的潜意识。我们灵魂中原始的能量给我们美妙的温暖和欢迎。我们来到世上的理由之一就是与我们自身建立这种联系，这种内心的友谊。如果我们总感到害怕，恶魔就会缠绕我们。所有的经典神话都将魔鬼社会化了。在与他们的战斗中，英雄的创造力总是成长到一个新的水平。每一个内心的魔鬼都有一个珍贵的祈祷，将治愈你并解放你。要收到这份礼物，你必须放下你的恐惧，并冒遭受损失的风险，改变每一个内心的遭遇。

凯尔特人对精神的复杂性有着精彩的、直接的理解。他们相信不同的神圣的幽灵。魔神卢格（Lugh）是最受尊敬的神。它是光明和才华之神。古老的爱尔兰民歌 Lunasa 节就是根据他的名字命名的。土地女神是 Anu，她是生育之母。它们也承认消极和黑暗的神圣起源。有三位战争女神，茉莉安，尼曼和拜得，它们是古代史诗中的重要角色。神和女神总是和地点相联系。树、墙还有河流，是神圣存在的特殊地方。受这些丰富的神圣之物的鼓舞，古代精神从未像现代精神一样孤独和冷漠。在凯尔特，人人有一种直接的灵性，这种灵性来自于对山水的虔诚。这是一种受外界鼓动的外在灵性。在我们的时代，灵魂的回归对于治愈我们的冷漠是至关重要的。

从神学和精神方面来讲，我们可以理解一点，对任何事情都漠不关心这一灵魂的空洞，不能被任何外部的东西所充满。通常我们所拥有的财产，我们所做的工作，我们的信条是对填满这一空洞的狂热的尝试。然而这总是徒劳无功，他们总是滑过而已，使我们比以前更脆弱、更暴露。当你知道你再也不能包住这种空虚的时候，在你听到这种空虚的呼喊之前，你的内心不断地逃亡，从一个避难所到另一个避难所，找不到一个叫家的地方。做到自然就做到神圣，但是这很难。自然就是保持你自己的本性。如果你总是外在于你自身，总是超越自身，你就回避了自己神秘的呼唤。

如果仅仅是对一个人的精神及恶起麻醉作用，那么灵性便值得怀疑了。这种灵性是由对孤独的恐惧导致的。如果你在孤独中充满勇气，你就会知道你不需要害怕。“不要恐惧”这个短语在《圣经》中出现了366次。你孤独的内心正在等待你、欢迎你。当你意识到这一点，大部分困扰你的恐惧就会烟消云散。当你的恐惧消失的时候，你就跟上了内心的节奏。

舞动的意识

有许多种不同的孤独。当你独自穿越孤单、密实、恐怖的黑夜时，这种孤独是一种折磨。语言在表达你的痛苦时变得无力。其他人从你这儿听说的，远非你所经历的痛苦。每个人都走过苍凉的时间。人们的意识总能识别出，在这样一个时期，你必须对自己超乎寻常地温柔。我喜欢秋天田野里庄稼的景象。当风向它吹来的时候，它不会僵硬地站在那里与风对抗，否则风会将它撕碎。不，庄稼会随风弯下腰，当风过后它会重新恢复原来的姿势和平衡。还有关于狼蛛的可爱的故事，它们从来不在两个坚硬的物体之间建网，比如两块石头。如果这样做了，它的网将会被风撕裂。本能地，它将它的网建在两丛草之间。当风来的时候，网随着草而降低，直到风过去，它才恢复原来的姿势。这是跟上自身节奏的意识的魅力形象。当我们绷紧神经或者固执于我们的信条时，我们失去了所有能够提供遮蔽、财富和保护的柔软性和灵活性。有时，关爱你的灵魂的最好方法就是重新使那些使你的意识变得僵化的观点灵活起来；因为这些使你疏离于你的深刻和美丽。创造性似乎需要灵活适度的紧张。在音乐领域，小提琴就是一个例子。如果弦调得太紧，就有断裂的危险。当弦调得合适的时候，小提琴就能承受巨大的力量，制造出最强劲和最温柔的乐曲。

美丽存在于被忽视的空间

只有在孤独中，你才会发现你自己的美感。如果失去神圣美丽的深刻与光亮，神圣的艺术家们便不会在孤独中追求。美丽经常隐蔽于灰暗的平常事物之后。只有当你孤独的时候，你才能邂逅你的美丽。在康尼拉马有许多渔村，那里有一种说法："在意想不到的地方和被忽视的地方，你才能找到龙虾。"在被你忽视的裂缝中和你逃避的孤独中，你将发现你一直在别处寻找的财富。艾兹拉·庞德（Ezra Pound）说过类似的关于美丽的话：美丽喜欢远离公众视野。它喜欢鲜为人知的或被人抛弃的角落，因为它知道，只有在这里，它才能遇见重复它的形状、尊严和本性的光。在每个人的身上都有一种深刻的美丽。现代文化被浮华所困扰。美丽被标准化了，成为了另一个供出售的商品。在真正的意义上，美丽是对你灵魂的阐释。

你的灵魂中有一座灯塔，使你的古都发光。孤独不需要形单影只，它需要在光亮的温暖中醒着。灵魂可以挽救和美化任何东西，因为它是一个神圣空间。当你完全进入你的孤独中，并经历着外部的遗弃和孤立的时候，你将发现在你的内心中没有了寂寞空虚，有的是亲密和安全。在孤独中，你比在社会生活和公共世界中更接近于你的内心。在这个层面上，记忆是孤独最好的朋友。在对水仙花的记忆做出反应时，华兹华斯敏感地抓住了这一点：时常，当我躺在沙发上／茫然而忧愁／它们在我内心闪耀／那时孤独的喜悦。

你的角色、信条和作用是一种超越每天平凡琐事的技术或战略。当你独处的时候，当你在午夜中醒来，你深藏的真实的知识将会浮现。你开始感受你灵魂的秘密的平衡。当你畅游于内部距离并到达神圣时，外部距离也消失了。讽刺的是，你对你的内部属性的信任从根本上改变着你的外部属性。除非你在孤独中找到归属，否则你外部的欲望将永远无法停歇。

德国神秘主义者爱克哈特（Meister Eckhart）说，灵魂中有一处地方，空间、时间、灵魂都难以触摸到。这是我们自身永恒的地方。经常去那里得到滋养，得到加强，得到更新对你将是一份可爱的礼物。你所需要的最深层的东西正在这里，它们正处在你自身灵魂的轨道上。真正的友谊和神圣使一个人能够经常光顾他内心的孤独的地层；这种祝福开通了到达他人内心幸福的路径。

思想是内在的感知

我们的生命以时间的形式存在着。因此，我们的期许是一种既具创造性又具建设性的力量。如果你只想在内心寻找过去被压抑、被遗弃、不那么体面的点滴，或者是一夙愿，最终你的寻觅将一无所获，除了空虚与沮丧。如果你无法对自己的内心世界抱以一种创造性期许的心态，你将永远无法感知那里的一切。看待事物的方式是塑造生命最强大的力量。在一种至关重要的意义上来说，感知即现实。

现象学启发我们，所有的意识都是对某物的意识。世界并非简单地存在于我们的四周。人类的意图不停地构造着世界。绝大多数时候，我们顺其自然地构造着世界，以至于我们无法意识到自身这一时刻进行的行为。其实，相同的构造节奏也向内发生作用。我们的意图也构造着我们内心世界的图景。或许，我们应该提出一个灵魂现象学。灵魂创造、塑造并充实着我们的内心生活。引向最内在特性的途径不是机械分析。我们需要倾听灵魂，并以一种富有诗意与神秘性的形式把其智慧明晰地表达出来。我们试图仅仅把灵魂用作一种容器，用来盛装我们疲惫而受挫的分析精力。我们应该记得，自古代以来，灵魂便具有深刻性、危险性与无法精确预知性，因为它被看作我们内心的神的存在。如果我们把灵魂与圣洁之间的纽带割断，它将变成一个毫无意义的符号。唤醒灵魂也就像一次前往前线的游历。

我们看待事物的方式与我们实际的发现之间存在着一种紧密的联系。如果你能够以一种温和的、富有创造性与冒险精神的方式看待自身与自己的生活，你将永远惊喜于自己的发现。换言之，我们永不会完整或纯粹地遭遇事物。我们是通过思想的镜头观察万物。你思考的方式将决定你的发现。德国神秘主义者爱克哈特（Meister Eckhart）对此的解释很精辟："思想是我们的内在感知。"我们知道，当我们的外在感知被削弱时，我们的世界将立刻缩小。如果你的视力不佳，整个世界便会变得模糊。如果你的听觉受损，音乐或你钟爱的声音将为无趣的沉寂所取代。同样，如果你的思想被削弱，或者被否定或缩小，你将永远无法发现存在于灵魂中的丰富或美丽的事物。如果思想是我们的内在感知，并且如果我们让思想变得枯竭、苍白，我们也将被拒于多彩的内心世界之外。如果想更淋漓尽致地创造，我们必须更勇敢地想象。

我们通过思想的桥梁与内心世界相通，如果这些思想不是你自身的思想，那么它们便是间接思想。我们每个人应该学会自身灵魂唯一的语言。在那种深刻的语言中，我们会发现一个思想的镜头，用以照亮我们的内心世界。陀思妥耶夫斯基（Dostoyevsky）曾说过，许多人并未在自身发现自我而枉度一生。如果你惧怕自身的孤独，或者如果你只有在明确的或枯竭的思想中才能感受到孤独，你将永远无法进入到自己内心的深刻层面。当你被内在的光明唤醒时，你的生命便经历了一次深具意义的成长。这或许是你第一次真正地视自身为自己。自身存在的秘密永远不能简单地归结为你的角色、行为、自我或者映像。人是永恒的本质，这就是以往的关于你为什么存在的原因。窥视这种本质的开始，也就意味着你进入与命运及始终关乎生活的天意和谐共处的状态。自我发现的过程绝非易事，它可能要历经煎熬、困惑与沮丧。但我们也不能从多彩的生命中畏缩，它一直努力为我们减少痛苦。

禁欲主义的寂寞

禁欲主义的寂寞是艰难的。为了更清楚地认识自身、自己的所作所为以及生活状态，你从尘世抽身撤退。大凡很忠诚于这么做的人都是那些沉思者。当你去某人家拜访，房屋的门口——门槛因为欢迎与告别而显得富足。而当你去拜访一个修道院时，没有人会在门口迎接你。你走上去，摁了门铃，他才出现在大门的格子窗后。有一些特殊的庭院，住着捱过孤独生涯的苦行者。他们在尘世花花世界之外，放逐着自己，在极其平淡的内心世界中考验着自己。

禁欲主义的寂寞牵涉到沉默。沉默是现代文化的牺牲品。我们生活在一个极端而充满视觉挑逗的年代，一切被牵引向映像感官。当文化变得日益均质化与普遍化，映像的强大威力便凸显出来。事物之间的持续交错使得所选择的映像可能在即刻获得普遍性。有一种令人难以置信的精确而强大的现代位错计算产业，它沉默不语地存在于我们内心深处，我们完全忽略了它的存在。我们心智的表层继续被映像的力量诱惑着。一种险恶的驱逐产生，人们的生命时刻被向外拖曳着。灵魂的内心世界则承受着巨大的来自外在社会现实的力量的驱逐。这种外部的放逐真正使我们枯竭起来。之所以有这么多人承受着压力，其中的原因并不是他们正承担着有压力的事，而是他们没有时间沉默。没有沉默与空间，寂寞无益。

沉默是世界的一个主要门槛。“被遗弃的神父”的精神性深深地影响着凯尔特人的精神性。对这些禁欲主义者来说，沉默是他们的老师：“有一个人走进摩西修道院，来征求摩西的只言片语。摩西告诉他：‘到你的房间里坐下来，它将教导你所有的事情。’”在凯尔特人的世界中，沉默与未知总是被视作人生旅途中最为亲密的伴侣。相遇然后道别，虽然有各自设定的对白，但永远是祝福。存在于凯尔特人诗歌与祈祷背后的是一种理性，由深沉而可敬的沉默中浮现出来的言语。寂寞与沉默的观点净化并强化了在 anam-cara 经历中两个人的相遇。

从根本上说，沉默亦即语言，所有的言语来自沉默。有深刻、共鸣、复原与挑战的言语是用禁欲主义的寂寞充实的言语。无法识别与现实的关系的语言是陈腐、肤浅与完全散漫的。诗歌语言法发端于、也归宿于沉默。在现代文化中，会话是伤亡的表现形式之一。通常，在你与别人交谈时，你所听到的是肤浅的叙述，或是一种医疗目录新闻。听别人描述与他们切身相关的事情，或者与他们的角色相关的外部事物，这确实是一种令人痛苦的经历。

每个人都是新想法与突如其来的情感的日常容器。然而，一切如此频繁地发生，在我们的社会遭遇以及我们所习惯的描述自身的方式中，这些想法与情感是不速之客并始终未被表达。我们所积累的最深层的东西却是通过意味深长的会话归结到自身，这样的事实确实让人失望。凯尔特人的传统主要是一种口头传播的传统。故事、诗歌以及祈文几世纪以来在人们的记忆与声音中流传下来。这些传统靠心灵来领会。有如此富足的记忆的存在与相伴，凯尔特人的感知与会话便由此变得富有诗意。如果失去记忆的存在，会话将变得飘摇、重复与肤浅。当感知同时融合记忆与体验时，它的力量便达到最大化。这便使会话变成一种真实的探索。真实的会话拥有不可预知性、危险性与共鸣性；它能够在任何地方迂回，并永久地保持与无法预知的世界和未知世界接壤。真实的会话并不是一个孤独自我的构造，而是一个共同体。如此多数的会话就像一只蜘蛛，狂乱地在周围编织着语言的网。我们平行的独白只会增加我们的孤立感。现实中总是没有对产生语言的沉默的耐性。当我们忘却或者忽略这种沉默，充满神秘与微妙的世界便被掏空。我们便无法再与逝去的或者不存在的人们进行交流。

聆听沉默的声音

德国神秘主义者爱克哈特曾说过，世间没有其他事物能和沉默一样酷似上帝。沉默是灵魂的挚友，它揭开了寂寞的宝藏。达到内心沉默的至高境界绝非易事。你必须为沉默另辟空间，这样它就可能为你效劳。从某种意义上说，你并不需要整个的军械库、所有的医疗词汇、心理学。如果你信任并期待自身的寂寞，你所需了解的将展示在你面前。以下是法国诗人勒内·夏尔（Rene Char）的一些精彩诗句："强度是沉默的，但它的映像却不是。我喜欢令我目眩的一切，而突出自己内心的黑暗。"这是沉默作为一种力量的映像，它揭开隐秘的深刻。沉默与神是姐妹。

真诚友谊的一个职责是设身处地地、建设性地倾听隐秘的沉默。通常，秘密并非用言语揭开，秘密密封在言语间的沉默之中，或者隐藏在两人间不易表达的深沉中。在现代生活中，存在着极大的表达欲望。有些时候所表达的事物是肤浅而具重复性的。我们需要一个对沉默更宽容的心态，接受沉默，因为沉默是最易引起共鸣之语言的源泉。一段友谊的深刻与本质在两人之间沉默的性质与庇护中折射着友谊本身。

当你开始善待你内心的沉默时，你首先意识到的是在你心智表层的肤浅唠叨。一旦你意识到这一点，沉默便随之深化。有些时候，许多我们精神性的矛盾与我们的深层本性并不相关，而与我们自身建立的虚幻的表层构造更具相关性。随之，我们便投身于找出这些表层映像与位置之间如何相关的文法与原理；与此同时，我们的深层本性并未牵涉其中。

感知自我的多样性

个性远非简单或是单维度的。通常，在个人内心好像被围堵着。古希腊人认为，在你夜晚做梦时，梦中的角色是脱离你肉体的人物，加入到世界中并四处探索；他们在你醒来之前又回到你的肉身。在人类心灵的最深处，不存在简单、单一的自我。在内心深处，存在着一个不同自我的集合。其中的每一角色都表达着本性的不同部分。有时他们会成为矛盾，彼此抵触。如果你只在表层看待这些矛盾，一种内心争斗便会产生，并从此困扰你一生。经常，你会遇到分裂的人。他们持久地处在一个斗争地带，永远无法深入关系的核心；其实，在核心地带那两股力量并非敌对，只不过是从不同所属的方面来展现他们的本性。

我们无法在行为中具体表达在内心最深处沉思时所遭遇的自我的多样性。但是，如果没有对这些无数个自我的认知，我们的存在将极度缩小，同时我们也无法感知自身的神秘。我们在这里谈论的是想象力及其财富。绝非偶然，我们仅把想象力视作解决问题的一种技巧。

我们应该对自我的复杂性有新的认识。我们需要公平的并且适合于这种复杂性的思考模型或样式。当人们发现自身的复杂性时，他们变得惧怕起来，并利用间接获得的想法把这种内在的多样性美景改造成一种单调景象。他们是自身顺从并适应这种单调的。这样，他们就不是生动的存在，甚至不是他们自己。

重新欣赏否定之美

复杂性最有趣的表现形式之一就是矛盾性。我们应该重新挖掘矛盾，视其为一种灵魂的创造力。自亚里士多德开始，西方传统思潮便排斥矛盾，认为其是无法协调的，因此也便把矛盾视为虚假事物与非逻辑事物的象征。惟独黑格尔在其富有想象力的、细腻而宽容的思索的引导下，认为矛盾是一种否定事物直线向前发展的复杂力量，由此唤起单次经历的聚合能量。正是内心对白的骚乱与斗争带来理想化的完整性，而不是单纯的一个映像、表象或者系统被取代，这种被取代经常被视作变化。这种观点倾向于一个更复杂的真理性观念。它要求一种真实性的伦理，这种伦理与纯粹真实的过分单纯化的意图混为一体并超越它。

为了让我们内心矛盾的不同维度之间达成彼此沟通，我们必须拥有更强的对内心矛盾感觉的忍耐力。在矛盾中存在着神秘之光与生命能量。在能量存在之处，生命与发展也与之共存。个人苦行的孤独将会让你的矛盾与明晰和力量一同出现。如果你坚信这种能量，你将逐渐融入一种和谐当中，这种和谐比任何矛盾都更本质、深刻。这将赋予你新的勇气投入到生命的深邃、危险和黑暗之中。

我们常常奋不顾身地坚持着令自身痛苦的事物，这着实令人费解。自身的创伤变成荒谬欢愉的源泉，并确定我们自身的特性。我们并不期望被治愈，因为那意味着我们将陷入一个无法认知的世界。通常，我们似乎自残性地沉溺于否定之中。我们所说的负面通常是矛盾的表面形式。如果我们将自身的痛苦维持在这个表面的水平上，我们将会使自身远离搅乱的内在矛盾的理想化，这种理想化在最初具有威胁性，而最后将会是一种救赎。我们应该重新评价我们认为是负面的事物。奥地利诗人里尔克（Rilke）曾说过，困难是灵魂最好的朋友之一。如果我们能对否定拥有对欢愉同样的热诚，我们的生命将会无比充实。避免否定，我们只要鼓励其重现。我们需要的是一种理解和解释否定的新方式。否定是宿命最亲密的朋友之一。它包含着你所需的基本能量，这种能量是在其他地方无法寻得的。在否定过程中，艺术才可能显得如此有启蒙性。艺术充满否定的暗示，让你异想天开地参与到这些暗示的可能性中来。艺术的体验有助于你与否定之间建立起一种富有创造性的友谊。当你站在俄国艺术家瓦西里·康定斯基（Kandinsky）的油画前，你会进入一座色彩的教堂，在那里矛盾的礼拜仪式流畅而显赫。

如果你意识到否定并不是破坏性的，你只可能善待它们，视之如友。道德时常像是发展的对敌。我们错把道德准则理解为灵魂方向与职责的表述。然而，道德哲学中的顶级思想告诉我们，那些准则只是路标，向我们警示自身所作的决定潜在包含的或者随之引起的价值的联合体。道德准则促使我们的举止蕴含尊严、激情与正义。它们永远不可能只是表述，因为每个人与每个境况是如此的迥然相异。在我们意识到不道德事物时，我们通常对自己变得苛刻起来，而诉诸道德去驱除它。在这么做的过程中，我们只是想确保不道德被抑制在内心。我们仅仅是想确认自身的否定的观点与忽视发展的潜能。在灵魂中有一种似是而非的观点：如果你努力去避免或消除劣质，它将纠缠着你。事实上，舒缓不安的唯一有效途径是使之理想化，使之变得富有创造性与积极性，从而使自身得益。

否定的一个积极方面是它的真实性。否定从不欺瞒。它会清楚地告诉你去何处追求不存在之物而不是占有现存之物。一旦独处，否定是首先宣告自身存在的事物之一。尼采说过，在他生命中最美好的时光之一是当他把其所有的否定特性重命名为肯定特性的时候。在这种改名中，而不是消除自始就令人厌恶的事物，你把否定置回原处，病与你的生命连为一体。这是自我挽救的缓慢而艰难的过程。在每个人的心中都存在着某些固执的、令人不安的、否定的特性。你的一个神圣职责就是宽容地善待它们。在某种意义上，对于自身的那些看似过失的特性，你应是心怀关爱的父母，帮助它们去发现你的灵魂是一个没有评价，对固定有限的特性不狂热追求的港湾。否定如此恰到好处地有力地逼迫着我们，因为它是激情与自我扩大的艺术的引诱；我们的狭隘思想彻底抵抗这种艺术。你的视野是你的家，而你的家应该有许多为你的狂野的神提供庇护的殿堂。这种宗教融合注重个人内在的多样性。它并不迫使它们组成一个人为的整体，而是使它们凝聚为一个整体，每个个体以自身仅有的差异为整体的和谐作补充。

自我挽救的节奏鼓励自身的慷慨与危险判断，不但单纯地从内在，而且也从外在的人际关系水平上。这可能是耶稣劝诫时所说的令人心神不宁的领域。爱你的敌人吧。在选择敌手上，我们应该谨慎。一个觉醒的灵魂应该拥有能揭露你否定性与挑战你可能性的有价值的对敌。学着爱你的对敌，也就是获得超越怨恨与威胁的自由。

灵魂渴望统一

一旦决定动用你内心的热情，自我折磨就停止了。放纵的、被忽视的、消极的自我变成了一个完美的统一体。灵魂是如此的聪明和细致，它知道统一可以增强归属感，因此灵魂渴望统一，灵魂整合了分裂破碎的自我。随着经历的增加，体验的深入，你的记忆更加丰富，内容也更复杂。你的灵魂就像一个尽职的管家，帮你选择和过滤你的经历，最终把它们收集好呈献给你。这个记忆重现的过程一直在进行。人类的孤独是丰富的，具有无穷的创造力。

自然的孤独经常是无声的。一句古老的爱尔兰名言对此进行了美妙的阐述：山与山从不见面，但人与人总能相逢。确实很奇妙，两座山即使并肩而立数万年，也不能够彼此靠近一步。两个陌生人从两座山上分别出发，一旦在山谷相遇，却有可能分享彼此的内心世界。大自然最最孤独的故事就是这样的分离。

海洋是人类享受的欢乐之一。海滩是流动的剧场。当心灵陷入迷惘之时，最让人舒心的事莫过于沿着海滩散散步。这时一切都放松了，一切又重新回到原来的位置。错位的分裂的感觉舒缓了，甚至消失了，伤口愈合了。然而大海永远看不见自己。光使我们看见所有东西，但是光也看不见它自己，光没有眼睛。奥地利作曲家海顿创作的乐曲《创造》就描述了世间男女进行创造和完成创造的才能。

我们人类的孤独与大自然不同，与动物的孤独也不同。人类的心灵有一面镜子，这面镜子收集所有的影像。所以人类的孤独是不寂寞的。深刻的孤独反而使人充满亲和力。当你走进孤独时，你更容易和周围的人与物建立友谊。当你疯狂地向外寻求安慰的时候，这反而是你自我放逐的开端。当你心平气和安静地回归心灵家园，你才找到了统一和归属感。

除了你自己以外，没有人能感觉到孤独里隐藏的永恒和深刻，因为这完全是一种个人体验。只有面对恐惧并且战胜恐惧，你才能够获得永恒的感觉。孤独中的所谓“孤独因子”其实是恐惧感。别人不能进入你的世界，你是这个世界的守护神和通道。别人不能以与你同样的方式看世界。没人能跟你一样感受你的生活。因此要比较两个人的生活是不可能的，因为每个人所拥有的一切都是那么的不同。如果你拿自己和别人相比，你就把嫉妒这个恶魔请入了你的心灵，这可是个危险可怕的客人。在清醒的精神生活中，寻找自己独特的语言、独特的感受和归属感，这才是最重要的。要保持对生活的忠诚就必须承担相应的义务，必须时时更新自己的视野。

如果你试图用别人给的镜子来看自己，那么你看到的只会是扭曲的影子，你身上的光芒和美丽变得模糊，你变得笨拙，变得丑陋。你对自己内心的美好的感觉必须是一种私人的感觉。神秘和神圣是一对亲姐妹。在当今的世界之所以找不到神圣，就是因为我们对神秘的崇敬已经消失殆尽。现代科技是隐私的第一杀手。我们不得不到处躲藏我们心灵深处的东西。就因为这样，现代生活中对心灵语言的渴求才出现了。心灵被迫一步步退让至秘密的家园，只有在那里，它才有能力构筑自己的世界。现代社会鼓吹自我满足，否定了心灵，把心灵逼到了存在的边缘。

也许重回心灵生活的一个办法就是恢复心灵的羞涩感。虽然要一个人羞涩是很困难的，但羞涩却是一种充满魅力的品质。尼采曾经提出过一个让人大为惊讶的建议，他说要让一个人对你感兴趣，最好的办法就是当着他的面脸红。羞涩的价值，它的神秘和有所保留，对于许多粗俗直率的现代人来说，都是一种久违了的经历。如果我们想要与内心世界建立连接，我们就必须学习非直接、非对抗地获取。换句话说，许多现代哲学和宗教只会导致心灵的贫乏。

如何照料心灵的创伤

在农场里你学会尊敬自然，特别是尊敬自然界里黑暗的隐秘的充满智慧的另一半。春天播种时，你把种子交给土地，而土地就是一个隐秘的世界，它行使着自己的职责。如果有人入侵土地的世界，带来的后果将是灾难性的。你在星期二高兴地把你的土豆种子播在田里。星期三你遇见一个人告诉你把种子埋得太深会没有收成。于是你挖出种子，把它们播得浅一些。第二周的星期一你遇见一个农业专家告诉你这种特殊种类的种子必须埋得密一些。于是你再次挖出种子把它们挨个儿埋在一起。如果你在花园里这样反反复复地播种，你将颗粒无收。现代社会的人们也像这样在心灵这片土地里一次次地滥播乱挖。新的想法，新的计划，新的病症层出不穷，造就了如今的他们。他们的旧回忆添上了新伤疤，可他们仍不停止。在大自然里，树木同时朝着两个方向生长，一方向着光明，一方向着黑暗，它的根和枝同时展示着生命的狂野欲望。在这一过程中，树木会尽量避免用树枝一面的光来探察它的根部和黑暗的沙土世界，但我们人类都不知道这些。

消极的自省会损害心灵。这种自省多年困扰着许多人，可笑的是，它还不让人们做出改变。只有允许心灵在其隐秘的黑暗的另一半世界里自行运作才是明智的。也许很长时间你都看不到一点动静。也许你只能得到一点暗示，表明内心的神秘世界在生长，但这一点暗示已足够。我们应该就此满足。我们不应该用自我分析的光探入心灵深处，因为心灵的深处那是一片不轻易对外开放的土地。也许分析实在是靠近心灵隐私的一个糟糕的办法。

我们都有伤口，我们要照料伤口使之愈合。黑格尔的一句名言放在这儿很合适："精神的伤口痊愈后不留疤痕。"我们的每一个伤口都会愈合，只是愈合在心灵的另一面，在一个非直接的，非理性分析可以到达的世界里。我们要小心受伤的地方，然后请心灵的另一面更深入的一半来帮助照料受伤的组织，使我们恢复健康，使我们重归统一。只要我们非直接地轻柔地对待伤口，它就能愈合。造物主赋予我们愈合和恢复的能力。如果你信任你的心灵，你就能得到你想要的所有幸福。生命本身就是一个受伤和痊愈的伟大过程。试着享受生活，生活会善待我们的。

虚度生命乃最大的罪过之一

在西方传统中，人们教我们很多关于否定的本性与罪过的本性的事情，但是人们从来不曾告诉过我们虚度生命是最大的罪过之一。来到世间，我们是为了充实地生活着，感受每一事物，包括在我们内心觉醒的一切和我们靠近的一切。陪着一个临终充满遗憾的人，那是一次孤独的经历；听他诉说他是如何希望能再有一年时间去做他内心一直希望做、但直到此刻才相信自己能够做的事情。他总是延搁内心的梦想。有许多人并没有过着他们自己想要的生活。把人们拒之命运之门外的很多事情其实是虚幻的，只不过是人们意识中的图像罢了，根本不是真实的屏障。我们应该从不令自己心生惧怕，或者因他人的期望而为自己的命运设置疆界。

感谢上苍，我们还有时间。我们有且只有一次生命，用惧怕与虚幻的屏障限制它是可耻的。艾雷尼厄斯(Irenaeus)，公元二世纪伟大的哲学家与神学家，曾说：“上帝的荣耀是人类充实地活着。”真正的神性存在于美丽、统一、创造力、黑暗与否定等的和谐之中。神拥有如此富有激情的创造力，拥有向往充实生活的本能。如果你能让自己实现真实的自我，一切将变得富有韵律。如果你过着自己喜欢的生活，你将获得保护与祝福。时常，之所以祝福匮乏，正是缘于我们并没有过着我们自己想过的生活，我们期待的生活远没有成为现实。

每个灵魂都有着不同的形状。每个人有着不同的神秘命运。当你努力着去重复他人的所为或者强迫自己进入一个预设的模型，你就背叛了自己的个性。我们应该回到内心的幽静，再次寻找处在灵魂中心的梦想。我们应该怀着接近探索开端的孩童的好奇感受梦想。当我们再次展露我们孩童的天性时，我们迈进了一个奇幻的世界。从而，在那个地方，我们将会经常发现自己的出现，那是一片充满轻松、快乐与欢庆的土地。虚幻的重担不复存在，我们融入自身的韵律。我们的躯壳逐渐学会在宽广的土地上潇洒地迈着步子。

孤独的祝福

愿在生命中，

你能识出灵魂的存在、力量与光芒。

愿你能意识到自己从不孤独，

在自己的光芒与关系中，

灵魂将你与万物的韵律亲密地连接着。

愿你尊重自己的个性与差异。

愿你能意识到自己灵魂形态的唯一性，

以及你拥有独特的命运；

在生命正面的背后，

存在着美丽、善良以及永恒。

愿你学会愉悦、自豪与充满期待地欣赏自己，

一如上帝时时欣赏你一般。

第四章

工作是富有诗意的成长

成长意味着什么

人类的眼睛是崇尚运动的，即使对最细微的闪光都很敏感。当它看到大海的潮汐，看到海浪拍岸的舞蹈时，它肯定非常享受。人类的眼睛同样热爱日光的移动，热爱夏日的阳光从云彩后面钻出来，布满草地上。眼睛追随着风儿，掠过草地，轻摇树枝。人类总是被运动的物体所吸引：当你还是小孩时，你渴望爬行，然后希望直立走路；当你成人后，你渴望走向独立和自由。

万物都是运动的，我们管这种运动叫作“成长”。成长的本质不是身体上的成长，而是内心和生命的成熟，只有源于内心的神圣愿望才会使生命运动不息。这种运动不能被损坏或伤害，要从始至终地流畅、圆满，直至成为生命的旋律。

时间的核心本质在于变化和成长。你内心的每一次新体验都会让心灵充实，使你的记忆深刻。人总像一个游牧民，从一个起点到另一个起点，总是在体验不同的东西。在每一次新的体验中，心灵的另一维度将会张开，难怪从远古时代开始，人类就已经被认为是流浪者了。从前，这些流浪者跨越疆界，到达异域和一些未知的地方。而现在，正如俄罗斯剧作家和思想家斯坦尼斯拉夫斯基所言："人类历时最长、最令人激动的旅途乃是心灵的旅程。"

在人类的心灵里，成长是个美丽而复杂的东西。为了明白起见，我们不妨把人的内心比喻成一座有窗户的城堡。可悲的是，许多人把自己圈定在一个固定的窗户前，每天看着同样的风景。而真正的成长经历是你从这扇窗前转过头来，走遍你内心的每一个角落，走到所有不同的窗户前，当你向外看时，你将看到新的可能性，体验不同的状态，产生新的创意。自足、旧习和盲目将使你无法感知生活。所有的一切都要依赖于你的视野框架——那扇你观望前路的窗口。

在变化中不断成长

在诗意的成长过程中，重要的一点，是要探求机会和变化是如何的忠实我们。它们常常在我们的内心开启新的深度。它们不断的运动使我们意识到，在我们生活的表层下隐藏着永恒的东西。从外面看，无论多么乏味多么枯燥，每个生命的最深处，总有一些永恒的东西在发生。这就是变化和机会同成长紧密联系的奥秘所在。对此，约翰·亨利·纽曼精辟地把它归结为一句话：“要成长，需变化；要完美，需经常变化。”所以，无需对变化感到害怕，它事实上能给我们带来完美的生命。而完美不是冰冷的完成，也不是为了保持内心纯洁和道德的纯净，而刻意去躲避风险和危险。当你对成长过程中的冒险和良莠并存坦然相对时，你就是在参与生活。心灵热爱冒险，只有通过冒险之门，成长才会进驻。德国著名抒情诗人荷尔德林写道：

要了解上帝
很难也很近
但哪里有危险
哪里就有拯救

机会和变化通过时间的形态变为成长，这种形态我们称之为“日子”。我们生活在“日子”中，“日子”构成了我们生命的韵律。你的生活以赋予的“每个新的日子”形式进行着。著名的波兰诗人罗佐维茨描绘写一首好诗的难处：“诗人不停地写啊写，可是到最后却收获甚微。”不过，罗佐维茨也引用了一句格言：“过一天生活比写一本书难多了。”每天都是宝贵的，因为每天都是你一生的缩微。每天都是全新的，都会提供前所未见的机会和承诺。如要珍惜你生命中的所有机遇，就要珍惜你每天的机遇。每天都是不同的。在《启示录》中，上帝说道：“过去的世界已经过去了……看哪，我正在创造新的事物。”新的一天使已发生的更为深刻，并且开启惊奇的、不可预知的、创造性的东西。你也许想改变你的生活，你或许正在接受治疗，或许怀有某种信仰，但只有当你的愿望转化为每天的实际行动时，它才不会耽于空谈。

在繁忙的工作中……

凯尔特人在精神上对每天的日子极其看重，他们认为全新的一天是神圣的。凯尔特人从来都不会用重复不变、静如死水的眼光来对待全新的一天，他们把每天都当成是一个新的开始。一位可爱的凯尔特牧师把这种感觉称作是上帝的礼物。诗篇里充满了关于视觉的隐喻。祈祷词里有句话说，人们的眼睛可以“祝福所看到的一切”，上帝的眼力可以保卫和引导那个日子，而这个日子被认为是相互祝福的时刻，祝福上帝，祝福自己，祝福他人，祝福天地万物：

上帝祝福我这新的一天
我从来没有见证过的一天
祝福您胜利的果实
上帝与我们同在
上帝保佑我
让我的眼睛看见您
让我的眼睛祝福看见的一切
我要祝福我的邻居
但愿我的邻居也祝福我
上帝赐予我一颗纯净的心灵
让我可以看见您的眼睛
祝福我的孩子和我的妻子
保佑我的财产和我的牛群

对于凯尔特人来说，每个新的日子都生活在自然之中。当你生活在神圣的大自然之中时，你很容易获得一个有创造性的思想。对于凯尔特人来说，大自然不是物质的，而是一个发光的、精神的存在，有深度、有玄机，并且是美丽的。

古典诗词中还有一个歌颂“日子”的漂亮的祷告词，叫作《鹿的呼喊》：

今天我醒来了

在上帝力量的引导之下

上帝的权威支持我

上帝的智慧引导我

上帝的眼睛看顾我

上帝的耳朵倾听我

上帝对我说话

上帝的手指引我

上帝为我铺平前路

上帝庇护我

上帝的款待使我远离魔鬼的陷阱

远离恶人的引诱

远离每个想要我得病的人

无论是远的还是近的

无论是单独的还是群体的

这首诗证明了凯尔特人认为上帝无处不在的观念。每天在早上醒来是上帝的礼物。在新的一天的门槛上，没有傲慢，只有颂赞。上帝在感性的细节上被描绘成神。每时每刻，在任何情况下，上帝都是一位亲密的、体贴的、鼓舞人的朋友。

这种把“日子”当做一个神圣的场所的观念，能够给每天带来创意。你的生活会变成你所“居住”的“日子”的形态。我们包容着日子。但可悲的是，在现代生活中，日子变成了牢笼，人在这个牢笼里失去了青春、活力和精力。每天的日子固定地在牢笼中度过，因为每天要花在工作上。我们这么多的日子、这么多的时间花在了工作上，而这些工作与创意、与情感无关。挑战公司制无疑是一件复杂而困难的事。我们中大部分人是给别人打工，并因此花费大量的精力。事实上，精力的定义之一是“工作的能力”。在牢笼中的日子使我们疲惫不堪。城市生活中，每天早晨，人们不情愿地起床，在交通堵塞中昏昏欲睡，焦躁不安，灰心沮丧，压力和逼迫夺取了他们宝贵的一天。每天晚上回到家里，他们已经没有精力留给愿望、思想、感觉这些白天被忽略的东西了。

一方面，把工作的世界和心灵的世界联系起来，是一件非常困难的事情。许多人工作是为了生存。我们需要赚钱，我们别无选择。另一方面，那些失业的人又备受挫折，觉得低人一等，觉得没有尊严而痛苦不堪。然而，我们这些有工作的人却又陷入无新意和重复之中，每天都是一样的。工作有其匿名性的一面，要求我们做的不过是精力的输出。我们在公司里活动，而只要晚上一离开，我们就被遗忘了。我们经常感觉自己在作贡献，而这种贡献只是被要求的，纯粹功能性的，而且事实上并没有被赏识。工作不应该是像这样的，而应该是一个机遇纷呈、表达真我的舞台。

心灵渴望表达

人类强烈地渴望表达。表现心灵的一种最美丽的方式就是通过思想。思想是内心快速活动的形式。在一定程度上，世界上没有任何东西比思想还快，任何人都可以思想，它可以飞跃到任何地方。我们的情感同样也能快速运动。虽然它们对我们的自我认定非常之宝贵，思想和情感仍然是看不见的东西。为了使它们显得真实，我们需要把内心看不见的世界表达出来。每个生命都需要表达的机会。当我们做一件事情的时候，我们内心看不见的东西总要寻找一种形式来表达。所以，我们的工作应该是一个可以让内心得到呈现和发挥的场所。我们内心丰富的、含蓄的、宝贵的世界，应该能够变成看得见的形式。我们的天性强烈地渴望在工作中得到表达的机会。

我从小在农场中长大，我们家很穷，每个人都要分担一些农活。我一直对自己被教会如何干活而心怀感激。从那时起，我在能够完成一天的工作中找到了满足感。若一天没有过好，我会感到受了挫折。夜晚自省时，我会感到错过了白天中的许多机遇。在农场里，干活总有清楚的、可见的效果。当你在地里挖土豆时，你能看到自己收获的果实。种瓜得瓜，种豆得豆。你在土地上竖起一道墙，同时也竖起了一道风景。干庄稼活总是很有成就感，即使这活干起来不容易，但你仍然可以看到巨大的回报。我离开家后，走入了以写字为生的事业，写作，写诗。这些工作属于看不见的领域。当你在思想领域工作时，你看不见果实。只有很少的时候，你能窥见一些小小的涟漪。你需要极大的耐心和自信来收获思想领域看不见的果实，你需要训练你的“心眼”去感触这些看不见的领域，在这上面思想得以成熟，情感得以立足。

对许多人来说，工作并不能使人满意，也不能使人得到锻炼或创造力。而很多时候，工作是一个匿名的场所，只有功能和权力控制着一切。因为工作要求付出劳动，产生成果，这就使得员工心理变得脆弱。即使是在远古的凯尔特传统中，否定也曾被利用来攻击他人。当人们互相不喜欢，想要打击对方时，他们通常是通过破坏对方的成果来达到目的的。这是一个尔虞我诈的世界。如果一个人嫉妒他的邻居，他可能会在邻居种土豆的花园里偷偷埋上鸡蛋，到了收获土豆的季节，邻居去挖土豆时会发现它们都烂了。这个人通过诅咒的祈祷和一个鸡蛋的象征，就实现了自己破坏的愿望，盗取了邻居花园上土地的力量和果实。

凯尔特传统中，五月的第一天是一个需要特别谨慎的日子。凯尔特人在这一天把他们的井围起来，以防反对或破坏的精灵来投毒、破坏它们。这个说法来源于一个故事，我叔叔曾给我讲过这个故事，发生在邻近的一个村子里。一个五月的早晨，一个农夫出去放牧，他遇见一个奇怪的女人，正沿着草地拉一根绳子。他上前跟她打招呼，但她没有回应，一转身不见了。绳子被扔在了地上。这是一根好绳子，农夫把它盘起来带回家里，扔在外屋的一个桶里，很快就忘了这件事。这个秋天的收获季节，邻居们用马车帮这个农夫把干草从草地上运回家里。他们还缺一根绳子把干草捆起来。有人问他还有没有绳子，他说："除了一根女巫的绳子，我没有别的绳子了。"他回屋来取那根绳子，当他看见那只桶时，发现里面装满了黄油。原来，那个老妇人来者不善，她在那个五月的早晨偷走了土地里的乳汁和生命力，当她扔掉那根绳子时，生命力留在了绳子上，因而乳汁也充满了放它的桶。这个故事说明，在五月早晨的门槛上，有时候劳动的果实会被偷走。

个性是心灵的外在

在现代公司里，一个消极的环境会是致命的。当我们谈论一个人时，我们一般会说他的个性。个性是一个人心灵的外在表现；当我们谈论一个群体的关系时，我们通常是指氛围或风气，一个公司的风气是一种非常微妙的群体品质。很难描绘或者分析这种风气，但你能够马上感受到它的力量和效果。当这种风气是正面的、积极的时候，好事就能发生。你走近公司的时候，这种风气会出来迎接你，充满关心和友善，能激发创造性。如果一个公司的风气是反面的、消极的、具有破坏性的，那么，人们早上醒来，一想起要去上班就会头疼。这么多人在这么一个消极的氛围中度过他们宝贵的时间，简直是一件孤独的事情。公司里也会充满敌意，经常是一个权力较量的世界。你为那些比你权力高的人干活，他们有权力解雇你，批评你，威胁你，甚至侵犯你的尊严。这不可能是一个受欢迎的环境。别人能够凌驾于我们之上，仅仅是因为我们自己对他们妥协。

问问你自己，那些有权力凌驾于你之上的人，在你心里是什么样的形象，这是一个有意思的问题。我有个在学校教书的朋友，那个学校的校长是个缺乏安全感的人，内心软弱，戒心十足，而且以一种很不恰当的方式运用他的权力。在最近的一次学期开始的会议上，他对教员们大发脾气。第二天，我朋友在镇上碰到他跟他的妻子在一起。她非常震惊地发现，在他威严外表之外，他看起来完全不起眼。这使得她非常惊讶，因为是她自己把这种所谓校长的权力附加在他身上了。

有时候，我们容忍他人对我们施加淫威，仅仅是因为自己没去反问他们。当伪装套上权威的面具，只有反问才能有力量撕下它们。我们都熟悉《皇帝的新装》那个故事，皇帝自以为穿着新装在街上游行，而事实上他什么都没有穿，每个人都在欢呼，都说那是一件多么漂亮的衣服，他们心照不宣，直到一个小孩喊出了真相。真话总是最有力量的语言。《新约》说道："生活在真理之中，这样你才会得到自由。"这句格言适用于任何场合。提出温和的、委婉的问题，只要是追求真理的，便能在某种情况下防止别人夺走你所有的权力。只有这样，那些软弱、温和的人才不至于沦为被控制的角色。

工作是否拉远了我们同世界的距离

一个有权的人经常并不如他们所希望的那样显得强大，许多人热衷于权力，实际上却很软弱。他们追求权力的位置，以此来补偿他们内心的脆弱。一个处在权力位置上的脆弱的人，永远不可能对权力大方，因为他们把挑战和可能性看成是对他们霸权的威胁。如果你想同这种人进行面对面的交流，你只能以一种委婉、温和的方式靠近他。要向这样一个可怕的、有权力的人说出事实，这是唯一的办法。

公司里有权力必然会有控制。控制具有破坏性，因为它会降低你的独立性和自主性。当你同权力人物打交道时，你会被置于一个婴儿般的位置。因为我们同父母的关系是不可改变的，这样，有时候我们会把权力人物看成是巨人。权力和权威之间有个非常关键的不同点。当你对自己内心的力量觉醒的时候，你就把握了自己的权威。“权威”这个词意味着你对自己思想和行动的自主掌握。这个世界就是通过权力结构运转的。因此，一个天才人物，有着精确的理智、丰富的想象力和强烈的热情，由他来掌握权力位置也是众望所归。一个在权力位置上的魅力人物，能够带来深刻而积极的变化。

当你被控制时，你就会成为客体而不是主体。有权力的人经常会有一种离奇的本性，想让整个系统反对他自己。我知道有个做服装业发财的百万富翁，给为他工作的妇女的报酬极低。他经常会感觉到她们中有一种紧张的力量正在形成。有一天，他把收音机的声音开得很大，然后所有的工人都开始抱怨。他感觉到一股反对的力量，直到有一组工人走过来，要求他把音量关小。他拒绝了。她们更加愤怒了，威胁他要罢工，而他坚持不关小音量。当她们几乎快要上街的时候，他才把音量降低了。他的战略是给手下的工人一种假象，让他们以为掌握了权力。然后，他们回去继续工作，感觉她们战胜了老板，虽然是他从一开始导演了这场冲突。这件事发生在四十年前。在现代工厂里，工会的建立和工人权利的扩大，使得雇佣者不可能轻易摆平这样的操纵事件。虽然现在的工作环境仍然在剥削工人，但在控制和异化方面的管理显然更加精妙了。

公司也是一个充满竞争的地方，管理者有时候有意在员工之间制造矛盾。所以，你工作的时候，你实际上是在单独跟你的同事进行一场生产力方面的战斗。你的同事开始变成一种威胁，而生产力变成上帝，每个人则沦落成功能的机器。如果公司能够成为一个激励人的地方，你的工作充满创造性，你的才能受到欢迎，你的贡献被人关注，那将是一件多么美好的事情啊。每个人都有特殊的才能，而你的才能能够在工作中得到发挥，你的生活会更加幸福。你能够自由地去接受他人的鼓舞。并且，因为在整个工作中，每个人的才能是独特的，员工之间没有必要竞争，这会使公司成为一个热情款待能力、节奏和心智的地方，任何一个公司都没有理由不成为这样一个激发创造力的地方。

工作不应该只为所有者或雇主服务，而应该也为员工和社区服务。要完善结构使得员工也能分享利益。想象力的参与和心灵的唤醒要求工作也能为更大的团体做出贡献。一个利润较大的公司或集团应该帮助那些穷人，创造优越的工作条件。不仅如此，也要正视一些尴尬但现实的问题，如生产或经营对人类和自然不利的产品应该受到谴责，并加以改变。

在我们这个世纪里，一些最有预见性、最锋利、最明智的批判思想都来源于此。批判学派已经对工业社会发表了尖锐的评价，揭示了历史和社会内在地影响了人类身份认定的结构。工作和消费社会的本质使个体受压迫。这种批判理论判定了异化的客观性和普遍性，从而对恢复人的心灵做出了巨大的贡献。它刺穿了悄悄吞噬个体的本质外面多彩但虚伪的表层。

现代社会拜倒在实用主义的祭坛下，像“程序”“方案”“模型”“项目”这样的概念渗透到我们的语言里，并决定我们同世界的关系。心灵的恢复意味着对他我的重新发现，将唤醒对神秘、玄机、同情的意识。实用主义阴暗的力量将消亡，一种新的生命力将灌输到我们的活动中。用哲学的话语说，即行动是存在的表征。他者意识的发现是现代社会最神秘的任务。凯尔特民族在精神上对推动这种意识有巨大的贡献。在他们关于友谊的玄学体系中，对自然、自我、神的认知已经非常深刻。然而，我们对凯尔特精神的吸收要持批判、反思的态度，否则，凯尔特精神将变成我们敏感的、随波逐流的文化中另一种时尚产品。

在一个消极工作的世界里，你被控制了，权力凌驾于你之上，你只是一个功能符号，一切都由竞争规则来决定。而在一个创造性工作的世界中，你的才能得到发挥，没有竞争，心灵消解了竞争的需要。相反，在一个物质的世界里，竞争大行其道：不是你死，就是我活。但在一个注重心灵的世界里，一荣俱荣，心灵的韵律将带来无穷无尽的财富。

在工作中能找到归属感吗

这种公司形象的重塑将有助于满足个人的一个十分重要的需求，即对归属感的需求。每个人都喜欢归属的感觉。我们想归属于一个群体、家庭，特别是我们工作的单位。只有归属感才能带来创造力的极大释放。想象一下，如果你能够在工作中做你自己，能够表现你的真性情，发挥你的才能和想象力，这将是一件多么美妙的事情。在你的家庭、你的私人生活和你实际的工作生活之间没有界限，你可以有创造性地、互补地从一个领域过渡到另一个领域。相反，很多人因为被强迫、被控制，而只能属于体制中人。

人们经常在归属方式上显得特别不谨慎。有太多的人天真地把自己归于所在的系统。当他们突然被解雇，或者系统崩溃，或者其他人得到晋升，他们会感觉到希望破灭，觉得受伤害并且低人一等。几乎每个公司里都有很多这样失望的人。刚开始，他们把精力和单纯的归属感献给了工作，但最后他们发现自己被抛弃了，被辜负了，被看成了功能符号。他们的精力被利用了，但他们的精神却被漠视。

问题的核心是：你永远不可能完全属于某种外在的东西。在你的归属感中寻找平衡是非常重要的，你永远不能完全属于某个事业或系统。人们经常需要从属于某个外在的系统，这是因为他们害怕从属于他们自己的生命。如果你的心灵已经觉醒，你就会发现它才是你真正归属的家园，在这里，你的渴望会非常安全。归属和渴望是相辅相成的，做你渴望的才是归属的真正含义。渴望是心灵的珍贵本能，而你归属的地方必须与你的尊严相称。首先，你必须从属于你的内心，如果你在内心里寻找到归属感，你的内心和谐，并且总是与最深处独特的源泉紧密联系，那么，即便你外在的从属被限制或被夺走，你的内心却永远不会脆弱。你仍然可以站立在你心灵所在的地方，做你内心的主人而不是房客。没有人可以把你从心灵的土地上疏远、排斥、赶走。它就是你的财富。就如《新约》里面说的："你的心在哪里，你的财富就在哪里。"

不可替代的想象力

现代企业，特别是公司制单位中，一个鼓舞人的地方，就是对想象力作为重要能力的愈加认同。这倒不是因为企业界热爱想象力本身，而是有其他原因的，比如说，现在的市场变幻莫测，节奏变化如此之快，以至旧的工作模式已经失去生产力了。人们已经认识到，让一个重复的线性系统控制生产和工人，将不会产生利润了。因此，心灵的存在已经在生产经营中受到欢迎，因为，心灵正是产生想象力的地方。

想象力是个体有创意性的一种能力，它总是在挑战极限及各种创新可能性，这是那种线性的控制性的外在脑力所无法企及的。想象力在光明与黑暗、可见与不可见、探求和疑问、可能性与事实之间徘徊反复。想象力是灵感的最好朋友。在想象力觉醒和存在的地方，事实总是等待着被发现，激发你去探求新的可能性和创造性。

我在德国做硕士论文的时候，我很幸运能与一位杰出的印度哲学家在柏林合租一套房子。他写了一些极棒的书，是关于科学发展的。因为他指导过许多硕士研究生，我就请他给我的黑格尔研究提些建议。他说，许多研究工作都试图得出一个谁也不能批评和否定的结论或证据，每个人都这么做就没什么新意了。他建议，如果我能够在这个领域发现一些新的问题，别人从没有想过的问题，那么我就能发现一些真正原始而重要的东西。这个建议提倡新颖的想法，鼓励我用一种全新的方式去感知某个特定问题。

即使在工作中付出更多的努力，新鲜的想象力还是少有付诸实践的机会。通常乏味的重复操作构成了工作的主要部分，即使员工的批评风格也是可预见的、确定的。这样，一个新人总会带来一些新问题和新想法，使得死板的东西焕发新鲜和活力。在过去乏味的重复性外表之下，沉睡的各种可能性开始觉醒。人们变得专心和忙碌，整个项目在新的活力之下也开始焕发生机。一个有着丰富想象力，而非线性、重复思维的新人，能够使公司重塑形象，使得参与者能够以一种忙碌而奋发的状态进行工作。正是因为这个原因，一颗如诗人、艺术家般的心灵，对现代的企业界来说是如此重要。一位艺术家能够带来它所缺乏的新鲜的东西，为本已不可刺穿的墙壁开启门窗。这个途径能够保证创造力和爆发力成为公司的主要催化剂。

自然状态和堵塞状态

当公司的运作按部就班并带有强制性，将不会有新的活力。如果你试图强迫你的内心，你永远不可能成功。我在德国的时候，有一段时间总是处于高度紧张和亢奋的状态，结果，我的睡眠开始出现问题。如果白天干的是体力活，晚上只需要一点睡眠就行了，可是如果白天干的是精确而费脑的脑力劳动，就需要一个充足的睡眠。我得了失眠症。每次起床，我只能干约一个小时左右的活，然后就感觉到又累又灰心。我痛恨每天晚上要上床睡觉，每天晚上都辗转反侧，难以入睡。我什么方法都试过了。我记得有一天晚上，我折腾得疲劳至极，我对自己说，面对它，否则你将永远睡不着，你将永远得不到一整晚的休息，你的余生将一直被这个问题所困扰。奇怪的是，当我向自己承认这些的时候，在五分钟内我就很快入睡了。在之后的几个晚上，我的睡眠又回来了。我发现，阻碍我睡眠的正是我刻意要入睡的决心，只要我不刻意强迫自己入睡，睡眠就自然而然地来了。

当愿望和智慧作为刻意的东西带入到工作中时，只会让原本重复单调的活更加难以改变。而当想象力，即内心启蒙的能力，得到发挥，那么将以一种全新的方式改变公司的风气。你不应该对自己的工作或工作单位持中立或漠然的态度。仔细考察你所从事的工作是很重要的，要看看它是否能满足你的自我肯定、尊严和发挥才能的需要。如果不是，那么就要做出艰难的抉择。一旦你违背了自己的内心，你的一生将陷入悲惨的境地。

在人生道路上，受尊敬感和安全感是很微妙的陷阱。那些走向极端的人往往接近自觉和自省，而那些被陷于中间受尊敬地带的人，往往会不自觉而迷失，这会成为那些热衷于生意场的人的陷阱。许多生意人只用他们大脑的一边来思考，每天由管理战略战术和机械的那边来思考，渐渐成为一种思维习惯，进而用它来思考所有的东西，包括他们的内在生活。

虽然他们在工作中显得很强大，但在他们工作单位以外，他们会有遗弃感和失落感，你不可能不付出代价而给你的心灵加压。如果你背叛了你的心灵，总是要付出巨大的代价。工作是吸引人犯这种错误的一种方式，同心灵的狂想和创造对立，工作渐渐占据了你的人生。在20世纪文学中，有一个最可悲的故事，描述了一个谨小慎微而忠诚老实的人的超现实命运，这就是卡夫卡的《变形记》，书中以这样一句离奇的话开头："有天早晨，当格瑞格·萨姆沙从梦魇中醒过来时，他在床上发现自己变成了一只巨大的虫子。"即使运用了灵巧的匿名、超现实细节和黑色幽默等手法，卡夫卡在他能力范围内仍无法描述系统及其功能。

令人窒息的角色

如果你在工作中仅仅运用意志和智力，那么你的工作就成为你的身份标志。在伦敦某处的一个墓碑上，有这样一句墓志铭，能够幽默地总结这个道理："这里躺着杰瑞米·布朗，他出生的时候是一个人，他去世的时候只是一个杂货铺老板。"人们的天性，即丰富的内心和多彩的激情，在工作中逐渐泯灭。他们变成了自己所扮演的角色的囚徒。他们的生活视野缩小了，生活质量降低了，他们的自我逐渐迷失了，离自己的生活越来越远。他们被迫退回到心灵暗处隐秘的地方。当你同他们交往时，你只不过是跟他们的角色交往，你看着一个人，但你看不到他的内心。只用思维中线性的外在的一面来思考，是一件很危险的事情。因此，现代企业管理已经深切地意识到异彩纷呈的想象力是如何的重要。热情和动力对一个人的生活是多么的重要。如果你只用外在的一面参与生活，并且停留在机械的表层，那么你会不知不觉变得疲惫不堪，长此以往你会陷入绝望。

西西弗斯给我们的启示

当疲惫成为生活的重心时，它就会迫害你自然的心灵。这就像古希腊西西弗斯的神话一样，他因为犯罪而被诅咒。在地狱里，他被罚把一块巨石推上山，每天他慢慢地艰难地把巨石推上去，快要到达山顶的时候，巨石就会脱手，直接滚到山底下。如果西西弗斯能够停下来，决定再也不推那块石头，他就会向前迈进了。不过，他注定要干这样琐碎的事情，永远只能做同样的一件事而永远完成不了任务。他永远要不停地推那块石头，而那块石头注定永远不能到达山顶。那些在商界、企业界工作的人，如果停留在角色的表面，只用线性的思维去做事，那就跟西西弗斯一样了。他们处于崩溃的危险之中，而崩溃是他们的心灵企图突破表层的疲倦的时候。人类心灵世界的深刻，是工作的线性表层所无法企及的。当你墨守成规时，你就被固定在思维的一扇窗前，你无法转身去寻找心灵的看台，去享受通过其他窗户可以看到的奇迹和玄妙。

快节奏也是引起现代公司巨大压力的一个方面。法国哲学家鲍德里亚，他指出现代生活以高倍的速度进行，事物前进得太快了，没有什么东西能够稳定下来，积累起来并成长起来。

有一个有趣的故事，讲的是一个人去非洲探险。他在丛林中急速前进，有三四个土著帮他扛东西。他们赛跑似地拼命赶了三天，到第三天，土著坐下再也不想动了。那个人劝他们起来，告诉他们他必须在某日之前赶到目的地，他们拒绝起来。他不明白了，说了许多说服的话，他们还是不肯向前走。最后，他让其中一个说明原因，这个土著说道：“我们赶到这已经太快了，我们要在这里等着我们的灵魂赶上我们。”许多对工作感到疲倦的人，从来没有给自己时间，或从工作中抽出时间，来让他们的心灵赶上步伐。给你自己充足的时间是一件简单但重要的思维锻炼：抛开你所有的议程安排，让被忽略的心灵之场重新回到你的身边，同那被遗忘的神秘之思重新成为老朋友，这该是一件多么美妙的事情啊。

凯尔特人的想象力证明了不同的概念和时间的经验。只有当时间成为永恒的窗口时，个性才能得到承认，自然才能得到关注。时间永远不能沦落为成就的工具，而应该是产生奇迹的时间。这个观念仍然风行在爱尔兰土地上，同西方世界的许多地方相反，居住在这里的人们在时间节奏上更为灵活更为开放。快节奏和高效率的概念还没有占领这里。

执著的追求与不经意的得到

令人惊讶的是，心灵常常以一种讽刺性的方式表现出来。有时候，一个善于分析和直线思维的人常常错过工作的收获果实。想象力常常以不同于直线的方式而具有先见之明，一只善于想象的眼睛是以圆周的方式观察的。如果你的视野局限在直线的目标上，你将失去许多意外的收获。有个有趣而古老的凯尔特故事，讲的是芬恩·马克·库哈尔和“知识之鲑”的故事。芬恩想成为一个诗人，在爱尔兰，诗人是一个相当了不起的职业。诗人兼具一种超自然之力、祭司之力和创造之力。诗人有一种特殊的渠道接近神秘的力量，而一般人是做不到的。

传说在米思郡的斯连河里有一条鲑鱼，谁吃了它，谁就会成为爱尔兰最伟大最有才华的诗人，也会得到超凡的视力。有个叫先知芬恩的人已经花了七年的时间，想抓到这条鱼。年轻的芬恩·马克·库哈尔来向先知芬恩学习写诗的技巧。有一天，先知芬恩终于抓住了“知识之鲑”，他带回来了，点上火，架在烤肉扦上。翻这条鱼一定要小心翼翼，不能把它烤焦了，否则就得不到超凡的视力。过了一会，火小下去了，不适合烤鱼了，先知芬恩没有人手替他拾柴火回来，正好这时他的年轻门生芬恩从树林里走出来，先知芬恩让他帮着慢慢地翻鱼，自己去拾柴火了。芬恩开始翻鱼，但他是个梦想家，思绪毫无目的地漫游。当他回过神时，发现鲑鱼的一边起了一个水泡，他害怕师父看见了会生气，他就用拇指去按那个水泡，想把它按回去。他一按就烫着了，就把拇指放到嘴里吮吸着，以减轻疼痛。拇指上黏了鲑鱼的油，他一尝拇指上的油，马上就获得了智慧和超凡的视力，以及诗人的神力。老芬恩扛着一堆柴火回来了，他一见年轻芬恩的眼睛，就知道发生了什么事。他坐在那里，失望之极，感叹自己多年苦心孤诣追求的好运，在最后一刻，居然让一个从来没有梦想于此的单纯的年轻人得到了。

这个故事很好地证明了，即使付出了真诚和努力，一个线性的心智仍然会错过礼物，而想象力总是以弯曲的路线来获取各种可能性。这种冒险和开放的精神继承了创造、美丽和灵魂的果实。

有时候，一个人总是工作得不顺心，不是因为工作不适合他，也不是他不适合工作，而是因为他对工作的认识模糊不清。这种人经常缺乏焦点，而且模棱两可。在工作中，他的表现力和想象力被忍耐和禁锢所取代。

为什么对工作会有为难情绪

感知对于理解是非常关键的。你如何看，你看见了什么，决定了你会成为怎样的人。你的知觉，或者说你看问题的眼光，是你理解事物的透镜。你的感知决定事情朝你发展的方向。我们经常把困难理解为烦人的事情。具有讽刺意味的是，困难往往是创造力的好朋友。法国诗人保尔·瓦雷里有一句诗，我很喜爱："困难是光，而无法克服的困难是太阳。"这是对待尴尬、不平和艰难的一种完全不同的方式。在我们的内心，对完美总有一种可怕的冲动。我们希望每件事都朝着既定的轨道发展，我们不喜欢意外。重塑公司形象的一个重要方面就是，要唤醒接受艰难之事的能力。事实上，实际工作本身并不难，而经常是我们的错觉，使得它们看起来很难解决。

我在德国学习时，有一段时间，我觉得我的任务几乎不可能完成。我在读黑格尔的《精神现象学》，知道黑格尔的人都知道这个长篇大论是如何奇妙，也是很难啃的。我对这个课题的畏难情绪无限扩大，后来，我自己都麻木了，甚至一点都进行不下去了。正如德国人说遇到阻碍时的一句话："我自己堵自己的路。"我怀着极大的决心走向书桌，相信自己一定能突破这个障碍，但是我专心不下来。对这个任务的艰巨性的想象困扰着我的思维。每天我都要尝试一下，每天我都过不去这个坎。

有一天，我在蒂宾根附近的森林里散了好长时间的步，在树林里，我突然想到，黑格尔本身不是问题，而是我对这个问题的感觉阻碍了我。我马上回到家，坐下来，在一张纸上草草地画出我自己建造的意象，我认识到这种意象的力量，当这点逐渐变得清晰时，我才能够把这种意象剥离出工作本身。几天后，错觉消失了，我又能够回到和谐的工作中了。

有些人在工作中有一大堆的难题，即使这份工作能够很好地展现他们的天性、才能和潜力。问题不在于工作本身，而在于他们心目中对工作的意象。这种意象不是表层的东西，它也能成为我们看问题的透镜。对于建造我们自己的意象，我们应该负部分责任，而对于如何使用它们，我们应该完全负责，应该认识到，意象不是一个自由的人或自由的物。

机遇隐藏在哪里

一件棘手或不想要的东西可能会是一份厚礼。我们经常能收到一些外面被伪装的、不知道里面是什么的礼物。有一个古老的有趣的故事，讲的是一个年轻的国王继承了王位，在成为国王之前他就被人民所爱戴，因此当他最后获得王位时，他的子民非常高兴，他们送给他许多不同的礼物。加冕典礼完毕后，新国王正在皇宫里进晚餐，这时有人敲门。仆人出去一看，发现是一个穿着破烂、看起来像乞丐的老头子。他想见国王，仆人极力拦阻他，但是不管用，国王出来接见了他。这个老头子称赞国王，说他是多么的伟大，王国里的每一个人都很高兴他当上了国王。老头子还给国王带来了一个瓜作为礼物送给他。国王很讨厌瓜，但为了不辜负老头子的好心好意，他还是把瓜收下了，并对老头子表示感谢。老头子心满意足地走了。国王进门把瓜交给仆人，让他们扔到后花园去。

第二个星期，在同样的时间，敲门声又响了，老头子又来要求见国王，他称赞了国王，又送给他一个瓜，国王又把瓜扔到了后花园。这种情况持续了好几个星期。国王心地善良，不忍心辜负老头子的心意，也不会对他慷慨大方的礼物表示轻视。

然后，有一天晚上，在老头子把瓜递给国王的时候，一只猴子从门廊上跳下来，把老头子手里的瓜撞飞到地上，摔成了碎片。国王定睛一看，发现从瓜心里飞出一阵钻石雨。他急切地跑到后花园一看，发现后花园里的瓜已经融化成了一个钻石珠宝的小山丘。这个故事说明了一个道理，有时候看起来难以对付的情况、问题或者困难，事实上隐藏着成长的机遇。在困难的核心地带，往往就是珠宝闪耀的地方。学习用热情去拥抱问题和困难，绝对是一种明智的选择。

我父亲是一位心灵手巧的石匠。我经常看他怎么造墙。他往往会挑选那些很圆的石头。圆石头是没有用处的，因为它不适合墙的结构。但是，我父亲只要用锤子对它进行稍微加工，就能使它变形。一些看起来不规则或笨重的石头也能切合墙体，好像是特意如此似的。我喜欢米开朗琪罗在每块石头里发现的意象，不管它们是多么不起眼、不协调甚至很粗笨，总会变成一种出人意料的形状。米开朗琪罗的伟大雕塑《石头中的囚徒》即是例证。人体的形象在石头中呼之欲出，但从腰部以下，它们被截留在未经加工的石头中。在这种高难度的工作中，往往隐藏着即将成形的东西。如果你专心致志于释放出隐藏的可能性，你将得到令人惊讶的满足感。对于人该如何对待自己所做的事，德国哲学家梅斯特·艾克特曾说过一句很漂亮的话：“如果你用一双有创意、友善的眼睛去做事，你将会创造出美丽。”

心灵的劳动能创造美丽

当你这么想的时候，你的举止和活动都将是非常宝贵的。你做的事必须是值得你做的，它必须与你的关注和尊严相称，并且使你更加自信。如果你爱你所做的，那么你就能够把它做得很好。也许一开始你并不喜欢你的工作，但你的内心深处能够帮助你用爱之光来对待你的工作。这样的话，不管你做什么，你都能够以一种创造和革新的方法去做。

日本有一个和尚的故事能够很好地说明这个问题：皇帝有一个精美绝伦的花瓶，是件老古董，图案设计极其复杂。一天，有人不小心碰翻了这个花瓶，摔成了一堆碎片。这些碎片被收起来了。皇帝召见全国最好的制陶匠，要他重新把这些碎片拼成原来的花瓶。但是，这个最好的制陶匠失败了，被砍了头。全国第二的制陶匠也被召见了，但他也失败了。好几个星期过去了，全国所有最好的工匠都掉了脑袋，这个破碎的花瓶还是没有拼起来。到最后，只有一个老和尚还活着，他住在一个山洞里头，有一个小徒弟。老和尚把所有的碎片都带回他的工棚里。一周又一周过去了，最后，花瓶终于重新拼起来了。小徒弟看着它，赞叹它是如此的美丽。他们两人进城把花瓶带进了皇宫，皇帝和他所有的嫔妃被重新拼起来的花瓶的美丽震撼了。老和尚得到了慷慨的赏赐。他和小徒弟一起回到了山洞中。有一天，小徒弟在找东西的时候，意外地发现了那些花瓶的碎片还在。他跑去问他的师父："看这些花瓶的碎片，您没有把它们拼起来，您怎么会做出一个那么漂亮的花瓶，跟旧的那个一模一样？"老师父回答道："只要你用一颗爱的心去做事，你就能够做出美丽的东西来。"

祝愿

愿你的心灵之光保佑你

愿你的心灵之光保佑你用爱心和温暖做事

愿你在所做的事中看到你内心的美丽

愿你的劳动能为跟你一起干活和赞赏你的劳动的人带来健康、光明和革新

愿你的工作永远不使你疲惫

愿它能让你释放出内心的激情

愿你在工作中做你自己

愿你永远不会迷惘失落、心不在焉

愿你的日子不会成为负担

愿你在拂晓中清醒，迎接充满梦想、可能和承诺的一天

愿你在晚上感到幸福和满足

愿你在保佑和庇护中入睡

愿你的心灵宁静、安详，使你焕然一新

第五章

心灵收获的美丽

终点也是起点

人类的眼睛喜欢凝视。她享受风景的美丽、树木的庄严、人们脸上的温柔，还有乳白的月光照耀大地的圆形的光芒。眼睛总是会被一件东西的形状所吸引，她会在特别的形状里找到最深的安慰和家园感。在人的内心深处，圆的形状有一种特殊的吸引力，能够满足我们的某种渴望，它是宇宙中最普遍最原始的一种形状。真理似乎总是以圆的形式出现。地球是圆的，甚至时间看起来也有圆的特质。凯尔特民族对圆总是很着迷，把它普遍应用在艺术作品中。凯尔特人甚至在十字架外面围了一个圆圈。凯尔特的十字架是个漂亮的象征，十字边缘的圆圈消除了两条交叉直线的孤独感，好像是在安抚它们被遗弃的线性形状。

对于凯尔特人来说，自然世界各有所司。首先，在自然表层的风景之下，有一个地下世界，这里住着“丹努之子”的一个精灵种族——神话中的人物，也是好人，在最上面有着一个超感的天堂，人类世界是介于地下世界和天堂的中间王国。三者之间没有封锁的界限，相互之间互相流动，互相参与。也难怪，在这样的自然世界里，时间会被看成是一个包容万物的圆圈。

一年四季也是一个圆圈。冬天让步于春天，夏天继承了春天，最后，秋天宣告了一年的结束。时间的圆圈从来不会破裂。这个规律同样也适合每天的日子，日子也是圆的。首先，拂晓从黑暗中分离，在临近中午时加强，又在走向黄昏中逐渐消失，最后重归黑夜。因为我们生活在时间当中，所以每个人的生命也是圆的。我们从未知世界而来，我们生活在土地上，靠土地养活，最后又重归到未知世界。大海也遵循着这个规律，潮汐反反复复，来而复去，就像人类的呼吸一样，吸进来，在肺部充满，又回复，最后呼出去，循环而已。

生命的圆让我们窥见了岁月老去的过程。当年龄、时间影响到你的身体、经历特别是心灵时，就会觉得变老是一件令人心酸的事情。当你的身体老去时，你开始失去年轻时那股自然的活力和生命力。时间像冷漠的潮水一样，开始吞噬你力量的膜衣，直到把你的整个身体慢慢掏空，这是每个人都能遇到的问题。我们能够改变时间带给我们的这种损害吗？让我们从与自然的血缘关系开始探讨这个问题。因为人是由泥土制造的，自然界中四季的变化在我们体内同样起作用。我们可以从那些与自然界建立姐妹关系的人身上学到很多东西，比如像凯尔特人。他们像对待四季的循环一样对待岁月的成长，虽然他们没有直白地表露出来，但他们对人类的归属具有天然的直觉和伟大的智慧，对生老病死十分坦然。

心灵的季节

人的肉体心灵中也有四个季节。当自然世界进入冬季时，所有的颜色都消退了，一切都变成灰的、黑的或是白的。自然界中所有赏心悦目、丰富多彩的东西都完全退色了。青草枯萎了，大地冰冻了，一切都被冷漠地收回了。冬天，自然界枯萎了，树木不长叶了。当你的生命中也出现冬天的时候，你就会经历痛苦、艰难和动荡。在这种时候，遵循自然规律，把你的心灵撤退回来，不愧是明智的选择。当你的心灵也是冬季的时候，作新的努力是不明智的。你不得不躺下来，寻找庇护，以待这段荒凉、空虚的时光过去，这是自然的疗法，心灵在冬眠中会看顾自己。当你的生命中出现巨大的痛苦时，你也应该为自己的心灵寻找避难所。

自然界中一个最美丽的变化，是从冬天向春天的过渡。一位老禅师说过，当有一朵花盛开的时候，到处都是春天了。当第一朵纯洁的、如婴儿般绽开的花朵出现在大地上时，人们会感觉到大自然在冰冻的表层下躁动。凯尔特语中有个词agborradh，意思是颤动的生命即将破壳而出。大地上出现的奇妙的颜色和新的生命，使得春天成为一个充满生机和希望的季节。从某种意义上来说，春天是最年轻的季节，而冬天是最苍老的季节。远古初始就是冬天，在植物生长之前的几十亿年间，冬天统治着一个寂静而荒凉的世界。春天是个朝气蓬勃的季节，她在生命和承诺、希望和机会中匆匆诞生。在春天的内心中，有一股强大的渴望，这是渴望和记忆互相交织的季节。因此，在你心灵的春天中，比较适合尝试一些新的冒险，开始新的项目，或者做一些你生命中重要的改变。如果你这样做了，你体内隐藏的节奏、精力和灵光都会跟你合作，你会全身洋溢着成长和潜力。心灵中的春天是美丽的，充满希望的，也是坚强的，这时候，你能够以一种自然的状态做出艰难的过渡。

春天逐渐兴旺，然后夏天到来了。大自然在夏天中被颜色装饰着，到处都是茂盛的、肥沃的，夏天是一个明亮、成熟而充满期待的季节。你能感觉到，隐藏在冬天里，开放在春天里的一年秘密的生命里，在夏天真正地盛开了。所以，你心灵中的夏天是一个非常平衡的时候，你处于自己的自然界之中。你可以想冒多少险就冒多少险，而可以平安着地，你周围有足够的庇护所可以让你平衡地着地，可以照看你。

夏天成长为秋天，秋天是我最喜欢的季节。春天播下的种子，经过夏天的培育，在秋天开始产出果实。这是一个收获的季节，是种子们在黑暗而沉寂的地底下，经过寂寞的长途跋涉，最终回到家园的季节。收获季节是一年中最大的一次盛宴。在凯尔特文化中，这是一个非常重要的时候，丰饶的土地产出了自己的果实。相应地，当你处于生命的秋天时，过去发生的事情，或者你心灵的经历，甚至在你毫无察觉的状态下，现在开始结出果实了。一个人生命中的秋天是个大丰收的季节，收获你经历的果实。

秋天和内心的收获

心灵有四个季节，不同的季节有可能同时占据一个人的心灵，虽然在某个特定阶段，某个季节会成为主流。习惯上，人们会把秋天看成是老年的时候。而在你生命中的秋天，你会收获经历这个概念，却为我们理解年华老去提供了一个有力的反证。年老不只是身体失去均衡、力量和自信，年老同样激发你意识到庇护你的神圣生命之圆。在收获的圆圈内，你能够重拾那些失去的时刻和阅历，把它们汇聚起来，成为一体。事实上，如果你能够把年老不看成是身体的削弱，而是心灵的收获，你就会发现，老年也是一段充满力量、均衡和自信的时光。在四季轮回的背景下，理解你心灵的收获季节，能够在这个老年时光到来时给你平静的欣慰，给你一种力量和归属感，这是你的心灵世界所启示于你的。

虽然肉体会变老，变小，衰弱，生病，但是心灵的庇护所总会温柔地拥抱一切软弱。肉体长在心灵之中，这是一个使人感到安慰、安全的想法。当你的身体变老时，你会感到你的心灵是如何地拥抱、看顾你的身体，年老带来的恐惧和害怕也会离你而去。这能够给你带来一种力量、归属和平衡。

年老是可怕的，因为你的自主自立好像在违背你的意愿被遗弃了。对于年轻人来说，老年人就像是古董，而只有你自己变老时，你才会意识到时光的快速飞逝。一个意气昂扬的年轻人和一个体弱多病的老年人的唯一区别仅在于时间。

生命中一个最为神秘的东西就是时间的神秘。发生在我们身上的每件事，都是在时间中和时间过程中发生的。时间是给你的心灵之门带去新体验的那股力量，所有你经历过的事情都是由时间来控制和决定的。诗人保罗·纽曼曾把时间比喻为“一个朝圣的地方，而我是一个朝圣者”。

时间开启了心灵的神秘，时间的短暂和神秘常常令我心中充满敬畏和惊奇。我的一首名为《木屋》的小诗，即表达了这种心情：

我警觉地坐着
在小小的窗户后面
在我的思维和手表中
日子悄悄地流淌
陌生人
没有理由会看进来

这种意义上的时间是很可怕的，围绕人类身体周围的虚无，虚无是空气的成分。你的身体周围没有任何明显的、物理的保护体，任何东西都能在任何时刻、任何方向接近你。清澈而空洞的空气阻止不了命运之矢进驻你的生命，生命是令人无法置信的偶然和未知。

时间的沉淀和验证

时间最为寂寞的一面是它的短暂性。时间流逝，带走了一切。当你正在遭受痛苦，或者要度过一段孤独恼人的时光时，时间的短暂会让你感到安慰，你会鼓励自己，对自己说：这一切会很快过去的。但相反的，当你正在度过一个美好的时光，同你的爱人在一起，生活得非常幸福的时候，时间同样也是短暂的。在这样一个完美的夜晚或白天，你的内心会偷偷地祈祷：上帝，我希望这一刻永恒。但是，不可能，美好也同样会结束。即使是浮士德也乞求这一刻能够停留："再逗留一会儿吧，你是如此的令人心醉。"

短暂是时间让每次体验都转瞬即逝的力量。无论黎明多么美丽，多么充满希望，她都要走向正午，也没有一个正午不向下午前进，下午肯定要变成晚间，而没有一个日子不在夜晚的墓地中沉睡。时间的短暂用这种方式，让每件发生在我们身上的事情成为“幽灵”。

我们所有的时间都在我们身上消逝，这是一个铁的事实。你跟日子是如此的紧密联合，你生活在日子之中，日子就像是你的皮肤一样严丝合缝，它在你的视线范围内，在你的大脑中。日子推动你前进，它使你或起或伏。但令人惊异的是，日子总会消失，当你回头看时，过去发生的事不会以一系列日子的形状呈现在你面前，你无法在历史的走廊中漫步。你的日子在无声无息中永远地消失了，而你的未来时间还没到来，时间唯一的立足点是现在。

在我们的文化中，我们很看重经历，它是重要而神圣的。也就是说，只有当你的思想、信仰和感觉构成你的经历时，它们才不会流于幻想。只有经历才是证据、诚信和亲密关系的试金石。然而，每段经历的未来却都归于消逝。这里就有一个有意思的问题：我们消失的日子在哪个地方悄悄地聚集起来了？就像中世纪一位神秘主义者所提出的问题一样：当蜡烛被吹灭的时候，光亮哪里去了？我相信有这样一个地方，在那里我们消逝的日子悄悄地积聚起来，那个地方的名字叫作记忆。

记忆是过去的日子悄悄聚会的地方

记忆是心灵中最美丽的地方之一。因为身体是如此沉迷于视觉享受，所以往往忽视了记忆是过去的经历聚集的地方。记忆最强有力的表现是树木。我记得有一次在伦敦自然历史博物馆，我看到一个巨大的加利福尼亚红杉的横截面，这棵树的记忆可追溯到约公元五世纪。在截面的每个年轮圈上，有一些白色小旗子，上面标出过去的一些特别的年代。第一个是公元六世纪时，爱尔兰保护神圣·科尔米希拉登陆欧诺亚岛，然后是文艺复兴时期，接着是十七、十八世纪，直至二十世纪，这棵红杉已经活过了十四五个世纪，在它内在的结构中，以一种特殊的方式记忆了所有的过去。

在古典文学中，对记忆的力量、呈现和丰富作了最漂亮的描述的是圣僧圣奥古斯丁《忏悔录》的第十卷。以下摘录的一段极为精彩地刻画了内心世界：

> 记忆的力量实在太伟大了！哦，上帝，它在我心里

是无限广大的，谁能够触及它的最深处？它是我心灵的本能，归于我的本性。事实上，我无法完全掌握我自己，我的大脑还不够大到能盛下所有的东西，那么那些盛不下的东西，它们都到哪里去了？它们不在里面在外面吗？当这些问题撞击我时，我几乎迷惑了。这就像一个人长途跋涉，去瞻仰山峰的高大，海浪的强劲，大河的长流，海洋的广阔以及斗转星移。然而，在他们身后，没有被注意也看不见的东西，同这些伟大的景观同样壮丽。我的眼睛看不见它们，然而，只有看见了这些山川河流，听到了大海的涛声，这些视觉呈现在我的内心时，我才能够说出它们的壮丽之处：在我的记忆里，它们同我在外面所看到的一样空旷悠远。

现代文化之所以如此快节奏、压力大且表层化，一个重要原因是对记忆的关注太少了。计算机工业偷换了记忆的概念，说计算机有记忆是错误的。计算机只有存储和回想功能，而人类的记忆却更加精妙、神圣且具有私密性。记忆有其内在的选择性和深度，人类的记忆是情感和知觉的内在神殿。在这个神殿里，不同的经历按照一定的情感和形态分门别类。

我们的时间容易得健忘症，正如美国哲学家乔治·桑塔耶纳所言："谁忘记了过去，谁就要重复过去。"

老年的到来使你有一段沉静和孤独的时间，来造访你内心的记忆之屋。你可以重新温习过去发生的所有事情，你的心灵是你的记忆存在的地方。当一维的时间消逝之后，一切都要靠记忆了。换句话说，时间是以昨天、今天、明天的形式出现的，然而在我们体内还有一个地方，那里的时间是永恒的，这个地方就是我们的心灵。所以，心灵总是以永恒的形式存在的。也就是说，昨天、今天和明天的事情发生之后，这一切都是短暂的，最后要被心灵之网罩住，才能够得到永恒。在这里，它们被聚集起来，被保护并被看顾着。哲学家列维纳斯说过："作为历史时间的倒退，记忆是内在完整的基本因素。"因此，当你的身体变老变弱时，你的心灵却变得富有、深刻和坚强。随着时间的流逝，你的心灵变得更加自信饱满，它内在的自然之光变得更加充足明亮。伟大的波兰诗人切·米沃什有一首歌颂老年的漂亮诗篇《一个新世界》，最后几句是这样的：

我希望能够这样说："我满足了，

生命给我尝试的东西，我都尝试了。”

但我就像一个站在窗户旁边的人把窗帘拉向一边

窥视一场他不甚明白的宴会

穿越时间

凯尔特民族有个清醒的认识，认为永恒的时间与人类的时间之间是互相交织的。有个故事，说的是一个名叫欧森的人，他是一名凯尔特武士，来自菲安纳部族。他被引诱到一个名叫青春之岛的地方：在这里人可以长生不老，永葆青春，只有好人和神仙住在这里。欧森跟随着他们，在很长很长的一段时间里，他同他的女人——一头金发的女神西恩·欧尔过着非常幸福的生活。快乐的时光总是异常的短暂。我们经历的本质决定着时间的真实节奏，当你在遭受痛苦时，每一秒钟都是如此的缓慢，有一个星期那么长；而当你快乐地享受生活时，时间却如飞梭般快速。欧森在“青春之岛”的时间实在是太快了。他开始想念以前的生活，他想知道菲安纳部族怎么样了，爱尔兰都发生了什么事情。他开始渴望回到爱尔兰的家了。仙人们不鼓励他这样做，因为他们知道，从前生活在凡人一维时间中的人，一旦重游故地，将永远回不来了。然而，他还是决定回去。仙人们给了他一匹漂亮的白马，告诉他千万不要从马上下来。如果他下马了，那他就会迷失回来的路。他骑着白马回到了爱尔兰。当他发现自己已经离开这块土地好几百年时，他感到更大的孤独。菲安纳部族已经不存在了，他拜访了他们以前打猎的地方来安慰自己，在那里，他们曾举行过宴会，唱过歌，讲过古老的故事，夸耀过勇猛的武艺。而与此同时，基督教流传到了爱尔兰。当欧森骑在马上游荡的时候，他看见有一群人试图抬一块建教堂用的大石头，但是他们举不起来。作为一个武士，欧森力大无比，他看着他们，想帮他们，但是他知道自己一旦下马就永远回不去仙界了。他骑着马靠近，再也忍不住了，从马镫上伸出一只脚，够到石头底下，帮那些人把它举起来了。他一着地，马腰上的带子就断了，马鞍翻了，他撞到了地上。欧森在爱尔兰土地上着落的那一刻，他就变成了一个鸡皮皱脸、颤颤巍巍的老头子。这个故事很好地表明了，两条不同的时间线是可以相交的，如果你穿越了这两条时间线交界的门槛，你就会站在凡人一维的时间里了。人类时间的终极是死亡，而永恒的时间则是连贯的存在。

永恒的时间

这个故事也表明，在永恒的时间，生活以一种不同的节奏进行着。有一个晚上，我们村有个人走在回村的路上，路边没有任何房屋。他骑着车，听到了一阵美妙的音乐。音乐声是从海边的墙里传出来的。他翻过那道墙，发现自己到了一个村子里，村里人好像在等他似的，好像知道他是谁，他们热情地接待他，给他美酒和美味的食物。他们的音乐是他所听过的最美妙的音乐，他在那儿度过了几个小时快乐的时光。然后，他想起自己要再不回家，大家该出来找他了，他跟村民们告别回家了。当他到家时，才发现自己已经失踪了两个星期，虽然在那个永恒的仙界好像才过了半小时似的。

我父亲曾讲过一个类似的故事，说的是一个名叫菲尼克斯的修道士，有一天正在修道院里读他的祈祷书。他听到一只鸟在唱歌，菲尼克斯听得如此入迷，以至于觉得身外无物。然后歌声停了，他拿起书走进修道院里，却发现一个人也不认识，也没有一个人认识他。他说出了同伴们的名字，好像在半个小时前他还跟他们在一起，但现在他们都不见了。后来的这些修道士查了他们的年鉴，发现在很多年以前，是有一位名叫菲尼克斯的修道士，但是他神秘失踪了。带有寓言性质地，这个故事表明菲尼克斯在真实世界中闯入了永恒的时间里头。永恒的时间与正常的、可断裂的人类的时间以不同的节奏前进着。奥斯卡·王尔德说过："我们的思想是在永恒里头，而我们的行动却是在时间里缓慢进行。"这句话因其是悲痛之语而具有惊人的震撼力，它来自王尔德写给一个人的友爱和谅解的信，那个人曾背叛和伤害过他。

这些凯尔特的故事说明，在心灵的某个地方居住着永恒，在这个永恒的地方，我们能够坚强地面对时间带给我们的创伤。莎士比亚在他的第60首十四行诗中，对日子的伤逝作了精彩的描述：

像波浪滔滔不息地滚向沙滩：
我们的光阴息息奔赴着终点；
后浪和前浪不断地循环替换，
前推后拥，一个个在奋勇争先。

心灵是记忆的圣殿

凯尔特人的故事表明，时间作为心灵的韵律，具有一个永恒的纬度，在这里，一切都被聚集起来并被看顾着，没有什么东西会在这里迷失。这是令人欣慰的事情：你生命中经历过的事并没有消逝，没有东西丢失或被遗忘，一切都保存在你的心灵的记忆圣殿中。所以，作为一个老年人，你可以快乐地回到以前，去看看你的过去，你可以回到圣殿的每个房间，走访那些你曾经悲过喜过成长过的日子。老年是生命的丰收季节，是你与生命的碎片重新结合的日子，这样，你使自己成为和谐的一体，获得新的力量、平衡和归属，而在你心烦意乱追逐你的日子的时候是得不到这些东西的。老年是回归你更深本性的时光，是圆满地进入记忆圣殿的时光，在那里，过去消逝的日子正在悄悄地聚集起来，等待你的光临。

在凯尔特人的精神世界里，记忆是一件非常重要的东西。在不同的场合，他们有不同美妙的祈祷词。甚至关于壁炉都有祈祷词，包括点火和熄火。晚上，要把烟灰洒在燃烧的炭火上，以封闭空气。第二天早上，炭火还能继续燃烧。还有一个有意思的祈祷词，是唤醒圣·布里奇特——壁炉保护神的。圣·布里奇特既是一个凯尔特异教徒又是一个基督圣徒，在她的内心里，两者很容易很自然地联系在一起。在爱尔兰智慧中，异教徒世界和基督世界互不矛盾，相反倒是彼此紧密联系。这是一首献给壁炉之神的美好祷词，同样也高度评价了记忆：

布里奇特——壁炉之神，环绕我们
羔羊的圣母保护我们
壁炉之神，点燃我们
在您的壁炉架下
把我们聚集起来吧
使我们恢复到记忆中去

我们母亲的母亲
强壮的祖先
把我们的手递到您的手中
教我们
如何点燃这壁炉

把它点亮
让它的火焰燃烧
您的手握着我们的手
我们的手在您的手心里
点燃着光亮
无论白天或黑夜

布里奇特的斗篷环绕我们
布里奇特的记忆在我们心中
布里奇特的保护使我们
远离伤害、无知和冷漠
无论白天或黑夜
从晨到昏
由昏至晨

这是对记忆循环的一个美好赞赏，它把一切都热情地汇集成了一个整体。

在积极意义上，年老为拜访你记忆的圣殿和完整你的生命提供了一段时光。不完整的东西只是碎片，有时会在你心里互相冲突。完整的呈现和过程会使你更像你自己。每个人的内心里有这么多的东西需要完整归一。加缪说过，人只要在世界上过上一天的生活，然后余生在孤独幽禁中度过，他仍然可以靠咀嚼那一天的经历而过活。即使在简单的一天里，也有许许多多的事情发生在我们身上，而我们自己却不自觉。去访问记忆的圣殿不仅仅只是重游过去，更是去唤醒和重组每件发生过的事，是让阅历深刻的反思过程。我们每个人都有经历，但就像 T.S. 艾略特所说的，我们有过经历但不知道它们意味着什么。每个人的内心都在追寻意义，因为我们最深的庇护是躺在意义之上的。意义是经历的姐妹，而洞悉你的经历所产生的意义，是发现你的内心归属和心灵庇护所的基本方式之一。《圣经》里先知哈该有一句惊人的话："你播种了这么多，收获却如此之少。"在你身上发生的每件事都是在播一个经历的种子，它同收获经历是同等重要的。

怎样治愈内心的创伤

老年是一个完善内在收获艺术的好时候。内在收获是什么意思呢？它的意思是你开始详细查检你的经历，你开始把它们分类、挑选然后整合起来。内在收获一个最重要的地方就是你生活中被遗弃的区域，忽略和遗弃的内在向你哭喊，它们渴求被收获起来。然后，它们才能走出被驱逐的境地，走向归属，即心灵的圣殿。当你在对付生活中的难题或者是激烈抗拒一些东西时，认识这一点显得尤其重要。尤其是，你的内心创伤需要修复，这有两个办法。你可以用一种理性分析的方式，回到伤口那儿，揭开伤口，揭去周围已经愈合的皮肤，你使它更加疼痛，使它再次哭泣，许多治疗都是采取与修复过程相反的方法。或者你可以不去关注你的伤口，因为心灵有她自己天然的修复功能。这样，你的许多伤口可以自己修复，而无需你自己再去揭开。如果你愿意，你可以选择一些创伤，花上三十年时间充分暴露它们，直到最后你习惯了满身伤痕。如果你采取这种“痛苦疗法”，你将使自己的心灵一片狼藉，到处是哭泣的伤口。我们每个人的内心生活都有完全但不稳定的自由，所以，我们需要对自己好一点。

心灵自我呈现中有一个明智的方面，必须能让生命中的某些东西放任自流，这就是“精神不干涉”的艺术。但是，你生命中的其他方面迫切地需要你的关注，它们要求你的保护和收获。你可以洞悉你记忆圣殿里的这些伤口，用温柔和体贴来重访它们，你可以同情和怜悯它们。有些人对他人具有很强的同情心，但对自己却很残酷。特别是在你年老的时候，你需要培养一种珍爱自己的品质。当你重温记忆圣殿中的伤口时，你不应该责备自己犯了错误，有时候你会在这些错误中得到意外的成长。事实上，在心灵的旅途中，最珍贵的时刻往往是犯错误的时候。它们带你经历了平时可能会刻意躲避的地方，你应该善待你的过错和创伤，努力重温当时的情景。如果你用内心的宽容来对待它，它就会适得其所。当你原谅自己时，你的伤口就会开始愈合，你就会从伤害中走出来，走进内心归属的快乐。这种缝合的技艺非常宝贵，你必须相信内心深处的声音，告诉你哪些地方应该重温。不应该把它看成是一件定量要做的事情，而应该采取温和的、精神上的做法。如果你给心灵带来了这种温和之光，那些伤口会有奇迹般的愈合效果。

你怎样对待生活，生活也怎样对待你

你的心灵是你生命的自然庇护所。如果在你的生命中，你不经常擦拭这个庇护所，它就会凝聚起来提醒你。用新式的分析方法来靠近你的心灵和记忆是很不利的举动，特别是在老年脆弱的时候。你必须让你的心灵呈自然状态。从这个角度来说，老年是一个脆弱的阶段。许多人随着年龄的增长，变得忧心忡忡，特别是在当你遇到困难时，你变得很脆弱，你真正需要照看你自己。我喜欢法国数学家布莱斯·巴斯卡的观念：在困难的时刻，你应该总是在内心保持一些美丽的东西。也许，正如一位诗人所言，只有美丽最后会拯救我们。

你对未来有什么样的期待，你的未来就会是什么样的。也就是说，你的期待塑造你的未来。很多烦恼不是注定的，而是我们忧郁的态度带来的。我有个朋友住在科克，他有个邻居叫玛丽，是个老妇人。她对一切都怀着消极、沮丧的看法。她总是说一些“不好听的话”。一个美丽的五月的早晨，有个邻居遇见玛丽。阳光灿烂，花儿盛开，整个大自然似乎要跳起舞来。邻居对玛丽说：“上帝，这不是一个美丽的早晨吗，玛丽？”她答道：“我知道，但谁知道明天会怎么样呢？”她从来享受不了周围现实的美丽，因为她总是在担心明天会多么糟糕。烦恼不只是心灵或意识上的忧郁，事实是它们决定了精神的状态。也许空气中到处飞扬着一团团的苦恼，它们向下探视，看到了你的抑郁和痛苦，它们想：如果下来的话，也许可以在你心里住上十天半月，甚至一年的时间。如果你让自己的自然庇护所倒塌，这些苦恼就会在你心里不同的地方占据下来。你让他们待的时间越长，你就越难赶走他们。自然的智慧似乎在暗示，你怎样对待生活，生活也将怎样对待你。一个充满热情和希望的态度会为你带来你真正需要的东西。

老年是人生中的第二个天真年代。第一个是我们的孩童时期，但这种天真是因为幼稚和无知。第二个天真的时期是在你生命的后期，当你已经活得很深刻的时候到来时。你已经认识到生活的冷漠，你清楚它让人失望和摧毁人的能力。然而，除了对生活消极一面的现实认识，你仍然保持着一种健康的、充满希望和阳光的憧憬。这就是第二个天真的时期。当你遇见这样一个老人：岁月的沧桑在他脸上刻下了一道道深刻的皱纹，然而你看他的眼睛，会发现里面还有明亮的光，这光是纯洁的，它不是表示毫无阅历，而是一种对真善美的信仰。这种老人的目光是一种祝福，有它陪伴，你会觉得精神焕发。

需要悔恨过去吗

对过去和记忆最为糟糕的一种态度是悔恨。悔恨是错误和错位的，总是想过去如果不这样会怎样。法国女歌手依迪丝·皮雅芙有一首歌《我不再悔恨》，表达了一种自由而宽容的接受。

我认识一个个性奔放的女人，她过着一种毫无保护的生活，她总是遇到各种各样的麻烦，而且似乎什么事都跟她作对。然而，我记得有一次她对我说：“我一点都不后悔，这是我的生活，每一件不好的事发生在我身上时，背后总会隐藏着一些光明的东西。”她对过去怀着一种整体的看法，善于在困难之下寻找隐藏的宝物。有时候，困难是心灵最好的朋友。威尔士诗人 R.S. 托马斯有一首诗《在光明的田野上》，说的是当你回首往事的时候，你可能会怀念或后悔当初没有做过一些事。

我曾经看到有一束光

照亮了一片小小的田野

我看了一会就继续赶我的路

然后把它忘掉了
但那是一颗奖赏的珍珠
是埋在田野里的宝藏
我现在意识到了
我必须倾我所有来拥有它
生活并不需要匆忙赶路

生活不是赶往无尽的未来
也不是渴望一个想象中的过去
而是转过脸去
像摩西看见荆棘燃烧的奇迹一样
光明看起来同你的青春一样短暂
它只有一次
但永恒在等待你

R.S. 托马斯的诗中蕴含着凯尔特人的时间观念，时间既不是过去也不是将来，时间永远居住在你的心灵之中，你的时间在这里聚集，甚至你将来的时光也在这里等待你。在某种意义上，你的过去并没有理由离去，而是隐藏在你的记忆中。你的时间是永恒的种子，在等待你的大驾光临。

一颗热情的心永远不老

老年人经常还有一种怡然自得的心态。年龄不是看年代的排列顺序，而更多地取决于一个人的性情。我知道一些十八九岁的年轻人，看起来很严肃、忧郁而消极，简直像 90 岁的老头子。相反的，倒是有一些年纪很大的人，怀有一颗淘气、恶作剧且好玩的心，有他们出现的地方就有闪光点。当你遇见他们时，你会有一种明亮、轻松而且快乐的感觉。有时候，在非常老的身体里往往有一颗非常年轻、狂野的心。面对这样一个在生活压力下仍然保持开朗心境的老人，你会觉得振奋。作家梅斯特·艾克特曾经说过：在心灵的某个地方存在着永恒不灭的东西。他说，时间能使你变老，但心灵里有个地方是时间所触摸不到的。认识到这点是件令人快慰的事情。即使时间在你脸上刻下痕迹，使你四肢衰弱、行动迟缓，最后掏空你的生命，然而，在你精神领域里仍然有个地方是时间所无法靠近的。你觉得自己有多年轻，你就会有多年轻。如果你感觉到内心的温暖，那么没有人能够夺走你心里的青春。正式地说，这是在你生命中安置永恒的一面的方法，如果你的人生旅途中错过了这永恒的存在，那将是一件可悲的事情。

你在年轻时，总会有一种高度的紧张感和冒险精神，你想做每一件事。你想要一切而且最好马上就有。年轻的时候往往不会去反思。这就是为什么歌德会说：青春在年轻时被浪费了。你在向各个方向前进，而不知道自己到底属于哪条路。我有个邻居被酒瘾问题困扰着，最近的酒吧就在附近的镇上，每次当他酒瘾上来时，他就会去隔壁村，这个村子与城镇方向相反。有天晚上，我弟弟在路上碰见他在走路，就停车让他搭上来，他拒绝了，说："虽然我在走这条路，但我的心在另一个方向。"今天有许多人在走一条路，但他们的生命却向着另一个方向。老年为你把这些不同方向重新整合提供了机会，使你可以把生命之圆带到你觉醒的地方，在那里，新的机遇为你而活跃。

年老之美

现代社会崇尚力量和外在。因此，老年人总是被晾在一边。现代文化过分地迷恋外在、想象、速度、变化这些东西，常常随波逐流。而在从前，老年人被看成是最伟大的智者，人们对老人很敬畏、很尊重。老年人的内心里仍然有渴望之火在美丽地燃烧着。现在，我们关于美丽的概念已经很苍白，美丽已沦为仅外表好看而已。对年轻的崇尚使得每个人都追求外表的年轻，人们做整容手术，千方百计要使自己看起来年轻。但这已经不是美丽了。真正的美丽是来自心灵的光芒，有时候在一张苍老的脸庞背后，你能够看见这种光芒，这是最为凄婉的美丽。在叶芝的诗《飞舞的蝴蝶之歌》中，这种热诚和渴望被淋漓尽致地表达出来了：

我去到榛树林
为了心中有一团火
我砍一条树枝剥去皮
又用钩子在线上串颗浆果
白色的飞蛾扑扇起翅膀
飞蛾一样的星星在夜空中闪烁
我把浆果投进小河
一条银色的小鳟鱼上钩咯

我把它放在地板上

又过去把火吹吹亮
可地板上有东西在沙沙响
又有人叫我的名字在耳旁
小鳟鱼早变成个若隐若现的姑娘
苹果花环戴在她头上
她叫着我的名字跑掉了
在渐亮的曙色中不知去向

虽然我已经年迈苍苍
长年在荒郊野冈漂泊
我一定要寻到她的踪迹
亲吻她的芳唇
再把她的手儿紧握
我们一起沿着阳光斑驳的草丛漫步
去摘采哪怕地老天荒
只有她和我
月亮的银苹果

太阳的金苹果

年老：孤独的请柬

你生命中出现了一种新的孤独，它会使你的老年的前景变得可怕。一种新的平静降临到你活跃的生活框架之外，降临在你所做的工作、你养育的家庭和你所扮演的角色之上，你的生活开始变得更加宁静和孤独。这些事实没有什么可害怕的，如果你以一种全新的眼光看待它们，这些新的宁静和孤独会变成美好的礼物，给你提供巨大的资源。我们往往会错过生命中的许多宝贵财富，这是因为我们总是很浮躁。我们的心总在别处，它很少停留在我们所站的地方和时间里。许多人被过去所困扰，纠结于过去应该做却又没有做的事，他们是过去的囚徒；另外一些人则常常担心未来，担心未来会有什么事情发生。

很少有人能够活在现在，因为他们压力太大了，总是在追赶的状态中。年老的一大乐趣是你可以拥有更多宁静的时间。法国哲学家帕斯卡说过，我们的许多主要难题，来自于我们缺乏静心坐在房间里的能力。宁静对心灵世界是相当重要的。随着你年龄的增长，你变得愈加宁静，你会发现宁静是一个很好的伙伴：你生命中的许多碎片有时间整合归一了，你心灵中受伤的地方有时间修复和愈合了，你能够关注你自己了。在这种宁静中，你开始关注到自己的心灵。许多人在生命的旅途中完全遗漏了自己，他们了解别人，知道风景名胜，懂得技术，了解自己的工作，但可悲的是，他们一点都不了解自己。年老是一个美好的成熟时期，这时你能够真正与自己相遇，说不定还是第一次呢。关于这点，T.S. 艾略特有几句漂亮的诗：

我们所有探险的终点

都将到达我们开始的地方

都将第一次重新认识那些地方

孤独的另一面是自由

当你对自己太熟悉的时候，你事实上就变成了自己的陌生人。随着你年龄的增长，你可以有更多的空间来重新熟悉你自己。这种孤单会变成孤独，而且年龄越长，孤独越甚。

对付孤独是一件相当困难的事情。我有个朋友，他住在德国，他跟我讲他自己与想家的孤独斗争的故事。他发现自己融不进德国的气质、秩序、结构和外在里头，在冬天的时候他得了流感，一直压抑的孤独感开始来找他了，他变得异常地孤独。但与躲避孤独相反，他决定让这种孤独感自行其是。他坐在扶椅中，让自己尽量去感受这份孤独。他一这样做，孤独感就倾泻而来，他感觉自己就像是宇宙最悲惨的弃儿似的。他哭啊哭啊，在某种方式上，他是为这辈子所有被压抑的孤独而哭泣。虽然这是一件很痛苦的事情，但对他却是一个美好的体验。当他让孤独奔泻时，让内心的大坝倾塌时，他同自己的孤独感的关系开始转变了。他在德国再也不感到孤单了，一旦同内心深处的孤独感相遇，他就会觉得自由，同孤独成为朋友，使它成为自己生活中的很自然的一部分。我有个康尼玛拉郡的老朋友，有天晚上，我们在谈论孤独时，他说："孤独就像是一个被烧掉的黑洞，如果你把它封闭起来，你就封闭了许多东西，这些东西对你同样意味着美丽。"我们没有必要害怕孤独，如果我们勇敢地面对它，它就能给我们带来一种新的自由。

智慧是优美的化身

智慧是老年人的另一种品质。在以前的社会里，老年人被称为“长者”，人们认为他们活得很长，已经得到了智慧。而我们的文化完全沉迷于信息之中，现在世界上有更多的信息可以得到，我们对于每一个可能的东西都掌握了足够多的知识。然而，知识与智慧有很大差距。你可以知道很多东西，你可以掌握大量的事实证据，你甚至知道自己的很多量化的东西，但只有你认识的真理才能深刻地感动你。于是，智慧就是一种深层次的知识，是与你的心灵、生命和神和谐相处的艺术；智慧是你破译未知的方式，而未知是我们最亲密的伙伴。所以，智慧就是勇敢地、慷慨地对待未知的艺术，是能够破译和认识它的财富的技能。在凯尔特文化和古老的爱尔兰凯尔特世界中，对智慧怀着很大的尊重。因为凯尔特主要是女性氏族的社会，很多智者都是女性。凯尔特民族有一个很好的智慧的传统，随后演化成了爱尔兰的修道院制度。当欧洲正处于黑暗时代时，是从爱尔兰来的修道士保存下了学问的记忆。他们在全欧洲广建学习中心，是爱尔兰修道士使欧洲重新恢复文明。这种学问成为中世纪经院哲学和丰富文化的基础。

传统上，每个爱尔兰地区都有自己的智慧人物。在克莱尔郡，有一个智慧的女人名叫比迪·尔黎，在高威郡也有一个女人名叫凯丽瞿，也叫老妇人克里夫恩，她也有这种智慧。当人们在生活中感到迷惑，或者担心他们的未来，就会去拜访这些智者。从她们的忠告中，人们学会重新面对他们的命运，学会如何从逼近的危险和破坏中得到保护。智慧往往是与生命中的收获季节相连的，那就是：散开的东西没有统一体，相反，收集起来的东西总会回到统一和归属的家园。所以，智慧就是平衡已知和未知、痛苦和欢乐的艺术，它是把整个生活用一种全新的、更深的统一联结在一起的方式。我们的社会应该关注老年人的智慧，使他们参与到决策的过程中来。老年人的智慧对帮助我们开拓未来的视野，具有无法衡量的价值。归根结底，智慧和视野是姐妹，视野的创造性、批判性和先见之明都来源于智慧之泉。老年人是智慧的巨大宝库。

夕阳恋歌

老年是生命中的黄昏时刻。在爱尔兰西海岸，那里的黄昏之光非常之神秘。许多画家都跑去画这种光。爱尔兰西部的黄昏色彩绚丽，就像潜伏在一天白昼中的颜色终于有勇气出现，每种颜色都很深。白天以这种有品味的漂亮方式向我们说再见，白天在夕阳之光中，在一种神奇的颜色和美丽中向我们告别。黄昏使夜晚的到来受到欢迎，就好像美丽的颜色滑进夜色之中，使得夜晚变得可以度过和忍受，变成一个隐藏着光亮的地方。

同样的，在生命的黄昏时刻即老年时，许多生命中没有被注意到的宝藏，现在开始变得可见可得了。只有用黄昏之光去感觉，你才能真正窥见心灵的神秘。而当理性分析之光笼罩心灵时，它会匆忙地把自己遮蔽和隐藏起来。对黄昏的感觉能够使你更加靠近羞涩的内心，瞥见她充满渴望和期待的美丽的脸。

没有负担之轻

老年也是一个扫除负担的时候，所有的知觉都要求清扫。如果事物离你太近了，你会对它们视而不见。这就是为什么我们总是对最亲近的人看得最轻。我们无法向后退，用一种赞赏和批判的眼光去看待他们，我们也无法看清自己，因为我们太靠近这匆忙的生活了。在老年的时候，随着你的生活渐趋平静，你能够扫除许多负担以看清自己：你是谁？生活赋予了你什么？你为生活做了什么？老年的时候，你该放下多年行走在崎岖道路上而拖曳的错误负担了。有时候，人类最大的负担往往是自己造成的。人们花多年时间为自己建造了一个沉重的负担，而他们却经常说："当然这是我生活的十字架，上帝保佑我，我希望上帝因为我的背负而奖赏我。"这简直是无稽之谈。上帝从云端，看见下面的人们背负着自己创造的负担，肯定会想：这些人多么愚蠢啊，他们以为这跟我对他们的命数有关，其实，这更多的是因为，他们消极地糟蹋了我给他们的自由和机遇。错误的负担在老年的时候会消失，一种可能的方式就是问自己：什么是你背负的孤独的负担？有一些确定是属于你的，而更多的只是自己拾起来自己制造的。放下它们就意味着减轻你生命中的压力和重量，然后，你可以体会到一种轻松和内心的极大自由。自由是老年时一个美好的果实，你可以解开早年的伤害。杰出的墨西哥诗人帕斯对这种复杂的玄机作了精彩的概括：

我在岩石中凿开一条路，以每年几毫米的速度前进，困难重重。几千年过去了，为了到达对面的光明，到达那开阔的地方，我的牙齿掉了，我的指甲破了。现在，我的手在流血，我的牙在颤抖，在充满饥渴和尘埃的摇摇欲坠的洞中，我停下来了，反思我的劳动。我把生命的第二部分，花在了打破坚石，穿破墙壁，毁坏门窗上面，我要去除生命中第一部分的障碍，是它们挡在了那光明与我之间。

祝福老年人

愿你的心灵之光看顾你

愿你对老去的所有担心和忧虑得到升华

愿你心灵的眼睛给你智慧

可以看到这美丽的收获季节

愿你有决心去收获你的生命

去平复你的伤口

让它靠近你成为你的一部分

愿你拥有伟大的尊严

愿你感觉到自己的自由

更重要的是

祝愿你得到永恒之光的美好礼物

得到你内心的美丽

愿你被祝福着

愿你寻找到爱自己的力量

第六章

死亡：井中的地平线

神秘的伙伴

你的人生道路中有个幽灵跟你同路，它每时每刻都伴随着你，尾随你的思想和情感。不管你是独自一人还是与他人在一起，它都追随着你。你出生时，它随你从子宫出来，只是你的到来让人兴奋至极，没有人注意到它。虽然这个幽灵处处跟随你，你却可能对它视而不见。它的名字叫作死亡。

我们以为死亡只在生命结束时来临，这种想法大错特错。你的肉体死亡在你出生之后就一直偷偷地陪伴你。你的生命是肉体的也是心灵的，但死亡同时拥抱两者。死亡是如何在我们的日常生活中证明它自己的呢？当我们的生命中出现软弱、脆弱、伤害和厄运时，死亡就会以各种伪装来拜访我们。死亡的其中一张面具就是消极。每个人的心里都有消极的创伤，就像你生命中的烫伤的水泡一样，即使一切都好的时候，你也会毁坏你自己。有些人现在活得很好，但他没有意识到这一点。也许将来，当事情变得很艰难很绝望的时候，他才会回望这段美好时光，然后说："你知道吗，我曾经活得很快乐，但悲哀的是，我当时没有意识到这一点。"

学会摆脱消极和恐惧

我们体内有股力量，不断地给我们加压，把我们从光明那儿脱离出来。消极是盘踞在我们每人身边阴影的附加物。在诗意的成长和精神生活中，改变这种消极是我们不可松懈的任务。消极是死亡的一种脸面，它啃咬我们在世界中的归属，它想使你变成自己生活中的陌生人，它使你驱逐内心的爱和温暖。你可以通过把消极转向心灵的光明来改变它，这种心灵之光会逐渐带走消极带来的重压和伤害。最后，你身上消极的一面会变成体内重生、创造和成长的伟大力量。我们每个人都有这个任务。一个聪明的人懂得自己的消极在哪里，并知道怎样才能不沉迷其中。不断地改变死亡的面孔，会保证在你生命的最后，你的肉体死亡不再是一个陌生人来抢夺你生命的意愿，相反，你对它的面孔很熟悉。既然你已经战胜了对死亡的恐惧，死亡就会变成是跟终生的老友聚会，而它来自于你天性中最深刻的一面。

死亡的另一张面孔，在我们日常生活中是通过恐惧来表现的。没有一个心灵不被恐惧的阴影笼罩着。只有勇敢的人，才能够面对恐惧，并把它转化为创造和成长的力量。我们每个人的内心都有不同层次的恐惧，恐惧最有杀伤力的一面，是它篡改了生活中真实的东西。没有其他力量能比恐惧更快地破坏生活中的欢乐和安宁。

恐惧有不同的层次。许多人不敢放松自己，总是把控制作为机械来构造自己的生活，他们喜欢对发生在自己身上和周围的事掌握着控制力。但是，太多的控制会是致命的。你把自己围困在了自己编织的保护程序中，它使你错过了许多命定的祝福。控制只应该是部分和短暂的。在你遭受痛苦的时候，特别是面临死亡的时候，你是控制不了什么的。神秘主义认为，你只有学会超然待物，你才会更深地接近内在的神。当你放得开的时候，你会惊奇地发现生活是多么的丰富多彩，而那些你紧紧抓着的错误的负担，也会很快离你而去。于是，真理，你深爱的东西，和你真正的归属，都会离你越来越近，没有人可以夺走它们。

死亡是恐惧之源

有一些人害怕做自己。他们游戏人生，不惜伪装自己的人格，以为这样才会得到接受和羡慕。即使是在独自一人的时候，他们也害怕面对自己。人的生命中的最神圣的任务之一，就是要做你自己。只有当你接受自己，喜欢自己时，你才能学会不害怕自己的本性。在这个时候，你才能与心灵和谐，才能站在自己的立足点上，你会充满信心且心态平衡。为了迎合别人的期望而去模仿他人，会使你的生活疲惫不堪，这是徒劳无功的。生命是短暂的，我们有一个特殊的命运在等待我们。有时候因为我们害怕做我们自己，而回避这种命定的运数，到最后，我们自作自受，在饥饿和穷困中死去。

关于恐惧，我知道一个最好的故事，是印度的一个古老的故事，讲的是一个人被罚和一条毒蛇在牢中共度一夜。只要他稍微一动，毒蛇就会咬死他。整个晚上，那个人在牢房的角落里站着一动不动，甚至都不敢呼吸，怕惊醒了那条毒蛇。当早晨第一缕曙光照在牢房里的时候，他看见了在另一个角落里毒蛇的形状。他松了一口气，总算没有把毒蛇惊醒。然后，晨曦越来越亮，最后很亮，他终于看到那个角落里躺着的不是蛇，而是一条旧绳子。这个故事的寓意是，在我们的思想里，躺着许多无害的东西，像那条旧绳子一样，我们却对它焦虑不安，直到最后，把它们看成是可怕的怪物，使自己深陷牢笼，在生命的小房间里惊恐失措。

要消除死亡的压力和存在，方法之一，就是要消除恐惧。在我焦虑或害怕的时候，我会问自己，我到底在害怕什么，我发现这是一个很管用的办法。这是一个开放性的问题。恐惧就像一只青蛙，它到处乱跳，并且歪曲每一件事情。当你用这个问题深究自己的时候，它就会缩回到你能够接受的比例。当你知道自己真正害怕什么时，你就能把投注在恐惧上的力气收回来。这也能使你的恐惧与未知的夜晚分开，每一种恐惧都在那里。恐惧是匿名的，它回避任何一个名字，当你能够给你的恐惧命名的时候，你的恐惧就开始缩小了。

所有的恐惧都根源于对死亡的恐惧。在生命中总有一段时间，你对死亡感到异常地害怕。我们生活在时间当中，而时间是极其不确定、极其偶然的因素。没有人可以肯定地说，今天晚上、明天或者下周会有什么事发生在我们身上。时间能给你的生命之门带回任何东西，生命可怕的一面就源于这种不可预知性。什么事都有可能发生。当你正在读这些句子的时候，世界上有许多人正在遭遇着意外的事情。现在发生在他们身上的事情，必将永远扰乱他们的生活。他们的归属之巢破碎了，他们的生活再也不可能与从前一样了。有人在医生的诊室里等待坏消息；有人遭遇车祸，将永远不能走路了；有人的心上人远走高飞。当我们展望未来时，我们无法预料到底会发生什么。我们不能确定任何一件事。但是，有一个事实是确定的，那就是时间的到来，晨、昏、晚都将准时到来，你最终会被召唤到另一个世界，你最终总会死去。虽然，这个事实是确定的，但这个事实的内涵仍然是不可确定的。换句话说，你不知道自己会在哪里死亡，怎么死去，什么时候死去，谁在身边，死之前有什么感觉。这些事实都是你死亡的性质，你生命中最具有决定性的事件，但它们完全是模糊不清的。

虽然死亡是人一生中最有力量、最重要的体验，但我们的文化，还是有意无意地否认了它的存在。在某种意义上，整个媒体、形象和广告世界都试图培养一种对永恒不死的崇拜。于是，生命中死亡的旋律鲜为人所承认。

哲学家伊曼纽尔·列维纳斯很伤感地说道：

“我的死亡要来得迅速，使我来不及运用我的力量来挟制它。我不会向障碍冲撞过去，那样最后只会撞得头破血流。克服或者忍受死亡，我将使我的生命完整，使其他的一切暂停。死亡像神秘之物一样威胁着靠近我，没有任何预兆地靠近我，这样，在死亡与我之间的时间就可以减少，没有尽头地减少，最后有一段我的知觉无法穿越的间隙，在那里，无论如何死亡与我之间得有一个跳跃。人生最后的一段路程中，我将缺席。死亡的时间是逆流的……”

回到你的永恒之床

凯尔特民族在传统上，对死亡的神秘具有精到的认识。在凯尔特宗教生活中有许多关于死亡的漂亮祈祷词。对于凯尔特人来说，永恒的世界与死亡的世界是如此的接近，以至于死亡不再被看成是一件摧毁人的可怕的事情。你到极乐世界中去，就是去向一个没有阴影、没有痛苦、没有黑暗的家园。有一首祷词写道：

我要与你回家，回到你的家，你的家

我要与你回家，到你冬天的家

我要与你回家，回到你的家，你的家

我要与你回家，回到你秋天、春天和夏天的家

我要与你回家，你对我孩童般的爱

一同回到你的永恒之床

回到永远的安睡

在这个祷词中，整个自然世界和四季与那永恒的生命完美地被联系在一起了。

知道死亡来拜访你时，你才会理解死亡，才会感觉到死亡的孤独。在康尼玛拉，人们有一句话叫作：“你将永远不了解死亡，除非他来到你的家门。”另外一句话是：“死亡是个不请自来者，不会预先通报你。”还有一句话说：“世界上没有躲避死亡的地方。”这句话意思是说，如果死亡要找你，它总是知道在哪儿并能找到你。

当死神来访时……

死神是个孤僻的来访者。它一旦降临你的家，一切就会变样。桌边有个椅子空着，屋里总觉得空荡荡的。一个与你

如此亲密的人死了，是一件奇怪而凄凉的经历。你内心里像有什么东西破碎了，而且永远不会再聚集起来。你所爱的那个人走了，他的脸、手和身体你是如此的熟悉。这个身体，第一次变成一个完全的躯壳。这是一件很恐怖和怪异的事情。你脑中会有许多疑问：那人到哪里去了？他现在看见了什么？他在想什么？所爱的人死了，生者会感到异常地孤独。如果你真正爱某个人，你甚至愿意替他去死。但没有人能够代替别人去死，我们每个人都必须独自上路。奇怪的是，如果某人死了，他就是死了，不留痕迹地消失了。人类的经历包括各种连续的和不连续的、亲近的和疏远的。然而，在死亡里面，所有的经历到头了。死去的人完全从可见世界消失了，不管是肉体还是精神。你从无处来，你到无处去。如果你与所爱的人吵架了，她离家出走了，你非常想再见到她，无论距离多远，你都会跑去找她。但是，当你意识到你将永远见不到死去的人时，你就会陷入可怕的孤独和忧伤之中。你的生活将没有他们的参与，你将听不见他们的声音，看不见他们的脸，感觉不到他们的存在，就像女诗人西维尔娅·普拉斯所说的，这些东西就像一棵树一样，在你身边生长。

亲吻肉体的灵魂

真正的死亡是要花一些时间的。对有些人来说，死亡是非常之快的，但灵魂离开肉体的方式却因人而异。有些人在灵魂消退之前要花好几天的工夫。非洲地区有个有趣的奇闻，说的是有一个人死了后，他的灵魂离开了肉体，走向房间的门口，要开始到永恒世界的旅途。但那个灵魂回头看着肉体的空壳，在门口徘徊，然后它又回来，吻了吻肉体，跟肉体说话，感谢肉体为它的人间旅程提供了一个这么好的场所，它会记住肉体在生命中给予它的善意。

在凯尔特传统中，认为死去的人不会住得很远。在爱尔兰，总有人看见死者的灵魂在一些地方，如田间、废墟等处出现。民间传说认为，曾在某个地方住过的人，在变成看不见的灵魂后，还会与原来住过的地方产生瓜葛。传统说法中还有一个坐在“聋马车”里的魂灵，住在山那边的一个小村庄里，有天晚上，我姑妈和一个年轻的妇女听到了他的声音。在这个小村子里，所有的房子都挤在一块。我姑妈当时正一个人在家，她听到像桶之间互相碰撞的声音，看见“聋马车”从街上走过来，经过她的房子，继续向一条山路走去。村里所有的狗都听到响声了，都跟着“聋马车”跑。这个故事说明，未知的世界有一个秘密的通道，正是出殡走过的地方。

离世前的黎明

在爱尔兰传说中，有个有趣的人物叫作“死亡女妖”，她是一个为即将死去的人哭泣的精灵。有天晚上，我父亲听到了她的哭声。两天以后，我的一个邻居——“死亡女妖”经常为其哭泣的人，死了。因此，凯尔特爱尔兰人的传统认为，永恒世界和瞬时世界是交织在一起的。在人死亡的时候，永恒世界的居民会经常来到看得见的世界。一个人经常要花几天或几个小时的时间同死亡挣扎，而且经常在死之前，那个人会看见死去的母亲、祖母、祖父或者其他亲戚、配偶或者朋友。当一个人濒临死亡时，现实世界与永恒世界的面纱就会变薄，有些时候，这个面纱甚至被掀开了，使你能够瞥见永恒的世界。你已经住在永恒世界的朋友会出来接你，带你回家。通常，那些渴望见到老朋友的人，会有一种伟大的力量支撑和鼓励他们。这种振奋的知觉表明，在死亡之时，人会产生一种难以置信的能量。爱尔兰传统对这种时刻的到来总会盛情款待。当有人死去时，他们会在遗体周围洒一圈圣水，以防止黑暗力量的入侵，使死者在最后的旅程中保持光明。

有时候，人们非常担心死亡，这是没有必要的。当你的死亡时刻到来时，你会被赋予所有你需要的，保证你拥有一个优雅而可信赖的旅程。

一个美丽的死亡

我曾经目睹一个朋友的死亡。她是一个可爱的年轻女人，是两个孩子的妈妈。那个帮她度过死亡时刻的牧师也是一个朋友。他了解她的心灵和灵魂。当她要在那个晚上死去变成很显然的事时，她感到非常恐惧。牧师握着她的手，在心里做着艰难的祷告，祈求得到帮助她度过最后旅程的话语。他非常了解她的一生，所以他开始为她展开记忆。他告诉她，她是一个好人，美丽而善良，她从来没有伤害过任何人，她总是在帮助每一个人。他回想了她一生中的主要事件，告诉她没有必要害怕。她这是在回家，在那里，她同样会受到热情的欢迎。上帝派她来到人间，也同样会欢迎她，拥抱她，亲切而慈爱地把她带回家园。对于这些，她应该完全肯定。渐渐地，一种令人难以置信的平静和安详降临在她身上。她所有的恐慌变成了宁静，一种我在这个世界中从未见过的宁静。她所有的担心、忧虑和恐惧全部消失了。现在，她完全与自己和谐了，完全地安宁下来了。他告诉她，她必须要做一生中最艰难的一件事：同家里的每个成员告别。这是一件相当凄凉和困难的事。

他出去了，把她的家人叫到一起。他告诉他们，每个人可以进去待五到十分钟，跟她说话，告诉她他们是多么的爱她，告诉她她对他们是如何的重要。他们不能哭，不要给她增加负担。他们可以在事后哭，但现在他们必须集中精力使她的最后之旅变得轻松。他们每个人都进去了，跟她说话，安慰她，祝福她，每个人出来后都快崩溃了，但他们给她带去了感谢、赞赏和爱的礼物，这些美好的礼物帮她度过了那个时刻。她自己就是一个极好的人。然后，牧师进去给她涂上圣油，我们都在祷告。带着微笑和平静，她完全快乐地走向了那个孤单之旅。对我而言，能在那里目睹这一过程是很有益的，第一次，我对自己死亡的恐惧被改变了。这件事向我表明了，如果你在这个世界上善良地活着，你没有给别人增加负担，却总是在贡献爱心，那么，当那个启程的时刻到来时，你将会得到平静、安宁和热切的自由，它将使你以极优雅、极受欢迎的姿态走向另外一个世界。

与一个即将启程到极乐世界的人共度最后的时光，会使你受益良多。当你在场时，你要非常关注他们的状况。也就是说，你不能光顾自己悲伤，而应该振作起来，全身心投入，与即将启程的人一起，为他服务。每件事都要为行将死去的人做好，帮助他尽量轻松、舒服地进行过渡。

我喜欢爱尔兰的守夜传统。这种仪式为灵魂提供了足够的时间来准备离开。灵魂并不是一下子离开肉体的，而是一个缓慢的过程。你可以注意一下在死亡的最初阶段肉体是如何变化的。那人并不是马上就离开了生命，所以，不要让刚死去的人独自一人，是一件非常重要的任务。殡仪馆是一个很冷漠、没有感情的地方。应该尽可能让一个新死的人待在他所熟悉的环境里，这样，他们才能够舒服、轻松和安全地上路。在一个人死后的头几周里，他的心灵和记忆必须常被照看和保护。人们必须为死者做许多的祷告，以帮助他顺利回家。死亡是向未知世界的过渡，每个人在走这样的旅途的时候，都需要这样的庇护。

在现代生活中，死亡常常被忽视了。有许多关于葬礼的戏剧，却往往流于表面和肤浅。我们的消费社会已经丧失了承认这种过程的仪式和智慧的意识。走向死亡之旅的人，是需要更多更深层的关爱的。

走向终极之惑

死神住得并不遥远，而是离我们非常之近。我们每个人在某一天必定与他有个约会。我喜欢把这个碰面看成是与自己最深处的天性和隐藏最深的自己相遇。这是一次走向新的地平线的旅程。还在孩童时，当我仰望村子附近的山峰时，我就会梦想，有一天等我长大了，我要同我的叔叔爬上山顶，我以为在那里我可以看到地平线上的整个世界。我记得，当那天终于到来时，我是多么的激动。我叔叔要把羊群赶到山上，他告诉我可以与他同往。当我们爬到山顶，来到我认为是地平线的地方时，却发现它并不在那儿。我不仅看不到我想看的一切，反而发现地平线在更远的地方。我很失望，但也有一种奇怪的兴奋感，在每个新的水平面上都能发现一个新的世界。德国杰出的哲学家汉斯·格奥尔格·伽达默尔说过："地平线是我们向之旅行的东西，也是陪伴我们旅行的东西。"这句话对我们理解自己人生中不同的地平线具有启蒙意义。如果你努力要争取沉睡在内心的命运和机遇，那么你就要经常到达新的地平线。就这一点来说，死亡可以被理解为最终的地平线。在那以外，证明你的身份的最深的井在等待你。在这个井里头，你可以看见你永恒的脸上的美丽和光芒。

自我和灵魂

在同我们沉默而秘密的伴侣——死亡做抗争的时候，最重要的斗争发生在自我和灵魂之间。自我是我们自己竖起来的保护的壳，它是害怕的、威胁的且贪婪的，它过度保护自己，而且好胜心强。而灵魂，在另一方面，是没有屏障的。就像古希腊伟大的哲学家赫拉克利特所说的："心灵是没有界限的。"灵魂是向着无限视野的朝圣之旅，那里没有排外的区域，灵魂包容一切。不仅如此，灵魂同永恒的时间维度保持着紧密联系，它从来不怕将有什么事发生。从某种意义上说，你同日常生活中的失败、痛苦、消极、恐惧和毁灭这些死亡的形式相遇时，你事实上得到了升华你的自我的机遇。这是引导你那种保护性、控制性的存在向开放性、包容性的存在的转变。锤炼这种存在的艺术是要你走进灵魂的旋律。如果你与自己灵魂的韵律融为一体，那么，当你面对肉体死亡时，你将不会感到恐惧和幻灭。那最后的面对将是同你最深处的灵魂相遇。

因此，肉体死亡不是毁灭怪物的降临，来割裂你的生命，把你拖入未知的地方。你肉体死亡的伪装面具背后，是你最深处的自我的形象和存在，在等待着拥抱你。在心灵深处，你渴望遇见自己的灵魂。在我们生命的整个过程中，我们都在挣扎着赶上我们自己。我们这么沉迷尘世，如此忙碌而心烦意乱，以至于我们没有足够的时间来关注深层的内心。我们努力想看清自己，但我们内心是如此复杂，人类内心有这么多层次，以至于我们几乎遇不见自己。哲学家胡塞尔对这个问题很精通。他谈起“初始在场”——一件事情、一个物体或一个人的最初状态。在日常经历中，我们只能窥见内心存在的整体，而不能与它面对面地相遇。在我们死亡的时刻，所有把我们隔离和排斥在真实存在之外的保护屏障倒塌了，灵魂的完全拥抱包围了我们。就这点而言，死亡不一定是消极或毁灭性的事件。你的死亡可以是一件有创意的事情，使你能够张开双臂拥抱秘密藏在内心的神灵。

死亡是自由的引导者

如果你认真想一想的话，你就不应该让生活在你身上加压。你永远不要把自己的力量拱手让给体制或其他人。你必须紧握内心的平衡和力量。如果没有人能让死亡远离你，那么就没有人拥有绝对的权力。所有的权力都是自负。没有人能逃避死亡。所以，这个世界永远不能用它的权力说服你，既然它没有力量让死亡远离你。然而，你内心的力量会改变你对死亡的恐惧。如果你学会了不再害怕死亡，那么你就会认识到没有必要害怕别的任何东西了。

窥见你的死亡之脸，能给你带来极大的心灵自由。它使你意识到时间的紧迫。浪费时间是生命中最大的损失之一。正如爱尔兰裔小说家派崔克·卡瓦诺所说的："为生命做准备不如活在当中。"你只有一个机会，你的生命旅程只有一次，你甚至不能重复任何一个时刻，或者重复一个脚印。我们似乎打算迎接任何一个向我们走来的事物。在生活下面存在着死亡。如果你圆满地生活在你的生命之中，死亡就不能翻身压制你。它不是一个毁灭性的、消极的事件。它能够成为你释放内心最深的宝藏的时刻，使你完全进入心灵的圣殿。如果你能够超然物外，你就学会了在生命中精神上的死去。如果你学会了超然物外，更大的包容、开放和呼吸就会进入你的生命。想象一下，在你死亡的那一刻，这种放手要增加一千倍。这种释放会给你带来全新的神圣的归属感。

虚无：死亡的一张面孔

我们在世界上所做的每一件事，都是以虚无为边界的。这种虚无是死亡呈现在我们面前的一种方式，虚无是死亡的面孔之一。心灵的生活就是要改变这种虚无。在某种意义上说，新的东西不可能产生，如果没有一个空间给它的话。我们把空白的空间叫作虚无。苏格兰杰出的心理学家 R.D. 兰恩曾说过："虚无才是可怕的东西。"这意味着，没有必要害怕任何东西，只有"无"才是可怕的东西。比如说，虚无普遍存在，包围着我们。因为我们与环境相比是渺小的，所以空虚和虚无的价值被我们低估了。它们可以被看成是永恒存在的榜样。永恒主要以空灵和虚无来迎接我们。如：没有空间的地方，永恒不会被唤醒；没有空间的地方，心灵不会被唤醒。苏格兰诗人诺曼·麦凯格在他的诗中很漂亮地概括了这个意思：

礼物

我送你一个虚无
我送给你一个充满
请小心地打开包装
因为二者同样是易碎品
当你向我道谢时
当你说它们正是你想要的东西时
我会装作没有注意你声音里的怀疑

请把它们放在你床边的桌上
当你在早晨醒来时
它们将穿越睡眠之门
进入你的大脑
你无论去哪
它们都会跟随你

无论你去哪

你都会感到惊奇

对着无法添加的充满

对着无法充满的虚无

你在微笑

这首漂亮的诗句表明，在灵魂生命的心里，虚无与充满是二重奏。虚无是可能性的姐妹，它为那些新的、令人惊奇和意想不到的东西提供及时的空间。当你感觉到虚无和空虚啃噬你的生命时，你没有必要绝望。这是来自你心灵的召唤，唤醒你的生活去寻找新的机遇。它也是你的心灵渴望改变死亡的虚无，走向永恒生命的充实的标志，在那里，死亡是无法到达的。

死亡并不是终结，而是重生。我们在世界上的存在是如此的悲哀。我们称之为生命的一小段光明在两个未知的黑暗中间平衡着：一段是我们来源的地方，我们突然从未知中来，然后我们称之为生命的一段光明开始了，最后生命结束时还有一段黑暗，我们重新又消失在另一个未知的世界里。萨缪尔·贝克特是一个伟大的剧作家，他在死亡的神秘上有着深刻的思考。他的小剧作《呼吸》只有短短的几分钟：首先是出生的一声啼哭，然后是一些呼吸，最后是死亡的迹象。这个戏剧概括了人的一生。贝克特所有的作品，特别是《等待戈多》，都是关于死亡的。换句话说，因为死亡的存在，时间从根本上才是相对的。我们做的所有的事，就是发明游戏以消磨时间。

等待与缺席

一个朋友告诉我他一个的邻居的故事。当地学校的孩子们要去城里看《等待戈多》，这位邻居搭他们的车去，他想到城里跟喝酒的伙伴们见见面。他随学校的孩子们到了剧院，就马上去了两三家酒馆，以为他的朋友们会在那儿，但是他们不在那儿。因为身上没有钱，他只好跑去看《等待戈多》，他跟我的朋友描述看完后的感受，说："这是我所看过的最奇怪的话剧，看起来，好像那个主角永远不会出现，而台上的演员不得不整个晚上进行即兴表演。"

我想这是对《等待戈多》很好的一个分析。我想萨缪尔·贝克特本人对这种评论也会感到高兴的。在某种意义上，我们总是在等待一个相聚或者归属的伟大时刻的到来，而它总是在躲避我们。我们被一种空缺的感觉困扰着，总有一些东西在我们的生活中空缺，我们总想着它会被一个特定的人、物或事所填满。我们如此渴望填满这个空位，但心灵会告诉我们——如果我们听它的话，这个空缺是永远不会被填满的。

死亡是宇宙中也是每个人生命中最大的伤害。然而，这种伤害可以导向新的精神重生。死亡能够帮助你从根本上改变固定和习惯的知觉方式，代替你在看得见的物质世界中的生活，你开始重拾敏感，开始感觉到藏在生命中未知的一面的宝藏。一个精神真正丰富的人，已经深刻感觉到了自己看不见的天性。你的这部分性情是时间永远损坏不了的品质和宝藏。它们完全属于你，你不需要抓紧它们、争取它们或者保护它们，这些宝藏是属于你的，没有人能够夺走。

灵魂得到解脱

想象一下，如果你能够同尚在子宫中的孩子讲话，向它解释它是母亲的共同体，那些包围的脐带是如何给予它生命，然后你告诉孩子，这一切都将结束：它将从子宫中被赶出来，挤过一个非常狭窄的通道，最后落到空阔、开放的光亮之中。那根同母亲的子宫相连的脐带将被剪断，它从此将永远独立生活了。如果那个小孩能够回答的话，它一定害怕自己将要死去了。因为对于子宫中的孩子来说，出生看起来就像死亡。我们对这些难题的困扰，就在于我们只是从死亡的一个方面来考虑这些问题。换句话说，我们只能看到死亡的一个方面。许多人有死亡的经历，但没有人能回来告诉我们它是什么样的。那些死去的人离开了我们，永不再回。所以，事实上，我们是看不见死亡张开的另一半圆圈的。哲学家维特根斯坦很好地把它总结为一句话："死亡不是人生命中的经历。"它不可能是一次经历，因为在生命的最后，所有的经历都已经结束了。

我更喜欢把死亡看成是重生。灵魂在一个全新的世界里更加自由，那里没有屏障，没有阴影，没有眼泪。我有个朋友，她的儿子在 26 岁时就死了，我参加了他的葬礼。当棺木降到墓里的时候，她所有的孩子都在旁边，兄弟姐妹们哭得惊天动地。她把他们拥抱在一起，说道："你们不必哭泣，因为他不在那下面，只有遮盖他的东西还在这世上。"这是一个非常美好的想法，认识到了肉体只不过被覆盖了，而灵魂却已经自由地遨游在永恒之中。

死亡消除了隔阂

在康尼玛拉郡，那里的墓地靠近海边，大部分是沙土地。为了开一个墓穴，得先从三面切开一块草皮，非常小心地把它卷到另一面，但是不会损坏。然后，把棺木放下去，牧师做完祝福的祷告，墓穴被填上了，然后再把草皮摊开，完整地覆盖住墓穴。我的一个朋友戏称此为“颠倒的剖腹产”。就像土地的子宫，在没有被破坏的情况下，把曾经以肉体形状独立生活在这个世界上的个人重新收回大地，象征着回家，重新被完全地收回去。

在尘世间，这是一件多么奇特而不可思议的事情，在一个身体里行走，整个世界都在你心中，身体之外还是一个世界。这是极大的特权，而人类居然能够忘记在尘世间的这个奇迹。诗人里尔克说过：“活着真是一个奇迹。”社会现实让我们变得麻木而死气沉沉，竟使我们完全忽略了生活中的许多奇迹，这真是一件怪事。我们生活在尘世间，我们的自由狂野而危险。在尘世间的孤独的一面是我们之间的互相隔阂。

当你活在一个身体里面，你就同其他所有的物体和人分离开来。我们的许多恳请、爱和创造的努力，都是为了改变这种隔阂，为了同他人建立一座桥梁，使得能够到达对方那里。而在死亡时，这种肉体隔阂被打破了。灵魂从其个体的排外的身体里释放出来了，来到了一个自由而流畅的精神归属的宇宙。

永恒世界中的时间和空间是不同的吗

空间和时间是人类存在和感知的基础。我们的知觉从来都离不开这两个要素。空间的要素意味着，我们总是在互相隔离的状态。我在这里，你在那里，即使是你最亲近的人，你的心上人，也在一个与你不同的世界里。这是爱情的悲伤所在。两个人如此亲密，恨不得成为一体，但它们互相隔离的空间却保持了彼此间的距离。在空间中，我们总是互相隔离的。知觉和存在的另一个要素是时间。时间也总是隔离我们。时间在根本上是线性的、脱节的、零碎的。你过去所有的日子都消逝了，化为虚无，而将来还没有到来。你所拥有的只有过去某个时刻的小小踏脚石。

当灵魂离开肉体之时，它不再受时空的重负和控制了。灵魂是自由的，距离和隔离再也不能阻挡它了。死去的人是我们最近的邻居，他们无处不在。当有人问梅斯特·艾克特，一个人死后，他的灵魂去哪儿了？他答道：没去哪儿。灵魂还能去哪儿呢？永恒世界还能在哪儿呢？除了在这儿没有别的地方可去了。我们在空间上误解了永恒世界，把它赶到了某个遥远的星系。但是，永恒世界不是一个地方，而是一种不同的状态。人的灵魂没去哪儿是因为没有别的地方可去。这表明，死去的人在这儿与我们同在，在空气中时时刻刻伴随着我们，他们与我们的唯一的区别就在于他们是看不见的。你的肉眼看不见它们，但是你能感觉到死去的你所爱的人的存在。运用你的心智，你能感觉到他们就在附近。

我父亲曾给我讲过一个故事，说的是一位邻居对当地的牧师非常友好。在爱尔兰，祭司和牧师被认为拥有特殊的权力。这位邻居和牧师经常去散很长时间的步，有一天，他问牧师：死去的人都在哪里？牧师告诉他不要问他这种问题，但是他坚持要问。最后，牧师答应他：那我指给你看吧，但是你永远不要告诉别人。不用说，邻居后来并没有遵守诺言。当时，牧师举起了右手，让那人从手底下往外看，他看见到处都是孤魂野鬼，密密麻麻，就跟草地上的露珠一样多。经常，我们的孤独感是由于缺乏精神想象力造成的。我们忘了世界上并没有空余的地方这一说法，所有的空间都充满了存在物，特别是那些现在永恒之中看不见的人的存在。

对于那些死去的人来说，时间也是不一样的。在尘世间，我们生活在线性的时间里头。我们忘记了过去，迷失了它们，我们也不知道未来。时间对于死去的人来说肯定是不一样的，因为它们生活在永恒的圆圈之中。我们前面谈到了风景，以及爱尔兰人是如何反对线性的风景，凯尔特人的脑中从来都不喜欢直线，而偏好圆形。在圆圈中，起点和终点是姐妹，她们在一年四季和地球的统一所提供的庇护中找到归属。我想象到，在永恒世界中，时间成为永恒的圆圈。也许进入到那个世界中的人，能够回首看到在这个世界中的过去，也许还能看到所有的未来。对于死者来说，现在的时间是完全呈现的。也就是说，我们死去的朋友现在比生前更了解我们。他们知道我们的每一件事情，即使是使他们失望的事情。但因为他们已经得到升华，所以对我们的每件事都会合理分配理解和同情。

死者为我们祝福

我相信，我们死去的朋友会关注我们、看顾我们。在你走过的路上，可能会出现这种情况，一块大石头将要砸下来，而你死去的朋友帮你扛着，直到你安全地通过。在以后的几百年里，人类进化和意识中也许会有一个巨大的进步，就是与看不见的永恒世界建立全新的关系。我们也许会和看不见的世界中的朋友们，以有创意的方式联系起来。我们没必要为逝者悲伤，我们为什么要为他们悲伤呢？他们现在生活在一个没有阴影、没有黑暗、没有孤独和隔离及痛苦的地方，他们是在家园里。他们是与上帝在一起。在上帝的大圆圈之内，他们已经回到了自己的巢。上帝是最大圆，包容宇宙间的一切，包括看得见和看不见的、短暂的和永恒的，把它们完全融为一体。

爱尔兰传统中有许多有趣的故事，讲的都是人们死后与老朋友相聚。其中最有力地表达这个观点的是马丁·奥·卡德写的一部优秀小说《在墓地下》，讲的是一个墓地中的生活，以及发生在埋葬在那儿的人们身上的事。在永恒世界中，一切都融为一体。在精神空间中没有距离，在永恒时间里，没有今天、昨天和明天的划分，一切都是现在时，时间就是存在。我相信这就是永恒生命的意思：我们所追寻的东西——美好、完满、美丽、真理和爱，都不再远离我们，而是完整地呈现在我们面前。R.S. 托马斯有一首诗表达了永恒的概念，他特意写得短小但却精悍：

我想，也许
一点点的靠近
就让我一点点地确信
就这些
这就是永恒吧
它完全理解
一点点就已经足够了。

诗人卡利尔·纪伯伦坚定地认为，友谊的团结——我们称之为“心灵挚友”——最终甚至会战胜死亡：

你们一起降生，你们也将始终在一起。当死神的白色羽翼驱散你的岁月时，你们也应该在一起。是的，即使在上帝沉默的记忆中，你们也应该在一起。

最后，我想以 13 世纪波斯的一首漂亮的祈祷诗作为全章的结语：

有些夜晚熬到黎明

就像月亮为太阳所做的那样

提满整桶的水

让井里的黑暗

暴露在光明底下

有些东西张开了我们的翅膀

有些东西使厌倦和伤害消失

有些人为我们斟满酒杯

而我们只品尝圣物

祝福死亡

我祈祷你能够得到安慰的祝福

你能够面对死亡依然坚定

希望你的内心能明白

没有什么可害怕的

当你的时刻到来时

祝你得到你所需要的每一个祝福和庇护

祝你在回家的时候受到美好的欢迎

你不是去一个陌生的地方

你是去往一个你从未离开过的家园

祝你的生命美妙圆满

祝你活得热情而有意思

祝你把内心消极的一切改变

祝你在死亡之前有一个长长的生命

祝你平静、幸福并生活在真正关心你的人中间

祝你的离去是被庇护的

你的到来是受到肯定的欢迎的

祝你的灵魂在朋友的拥抱中微笑